우리 아이는 도대체 왜 그럴까?

주 영 준 지음

성격대로
키워라

대경북스

성격대로 키워라

1판 1쇄 인쇄 2022년 1월 3일
1판 1쇄 발행 2022년 1월 5일

지은이 주영준

발행인 김영대
표지디자인 김영대
편집디자인 임나영
펴낸 곳 대경북스
등록번호 제 1-1003호
주소 서울시 강동구 천중로42길 45(길동 379-15) 2F
전화 (02)485-1988, 485-2586~87
팩스 (02)485-1488
홈페이지 http://www.dkbooks.co.kr
e-mail dkbooks@chol.com

ISBN 978-89-5676-879-3

아이는 신이 주신 선물이다. 부모는 아름다운 선물을 갈고 닦아 더욱 빛나게 하는 소명의식으로 늘 기도하는 마음으로 아이를 대한다. 아이들이 성인이 되어가는 과정은 농부의 사랑과 노력으로 커가는 포도나무와 같다. 농부는 포도송이가 주렁주렁 열리고, 맛있고 영양가 높은 포도를 생산하기 위해 땀을 흘린다.

아이의 건강한 성장과 발달에 관한 많은 이론들이 있지만, 복잡하고 실생활에 적용하기가 쉽지는 않다. 가장 중요한 것은 아름다운 사랑을 가진 어머니가 있는 한 아이는 사랑으로 따뜻해지고 지혜롭게 성장하게 된다는 사실이다. 그만큼 아이가 이 세상에서 처음으로 만나는 어머니의 역할이 매우 중요하다는 것이다. 즉 아이는 중요한 타자인 부모와의 인간관계를 통해 전 생애적으로 발달해가고 성숙해진다. 이렇게 서로 다른 존재의 근원에 대한 이해를 바탕으로 개별화되어 사회의 일원으로 통합된다.

나를 이해하고 서로 간의 다름의 존재를 깨닫게 하여 통합된 자기를 탐구케 하는 에니어그램의 지혜는 자연적으로 건강하고 행복한 인간관계로 진행된다. 왜냐하면 에니어그램의 9가지 성격유형론은 인간내면의 법칙과 인간관계의 깊이를 효율적으로 설명해주기 때문이다. 에니어그램의 지혜는 자아탐구는 물론 진로 및 학습, 생애개발, 조직개발 등 많은 분야로 응용되어 현대인의 복잡한 삶 속에서 나침반이 되고 있다.

이 책의 저자인 주영준 선생님은 사회적 부모로서, 학문적이고 실제적인 경험을 바탕으로 많은 청소년 현장지도 경험을 가지고 있다. 그동안 한국에니어그램교육연구소에서 전문강사를 취득하기 위해 5단계별 교육 및 검사지 교육, 그리고 상담 실무에 이르기까지 많은 수련을 거치면서 에니어그램의 본질적 삶을 실험하고 있다. 매년 열리는 한국에니어그램학술대회에 참가하여 호기심으로 탐구하고 행복해하는 모습이 떠오른다. 매 학기 열리는 한국에니어그램성격연구회에서도 주도적으로 참여하고 건강한 사랑을 실천하고 있다.

이 책은 아이들이 자신의 타고난 성격을 이해함으로써 자신의 잠재능력을 최대한 발휘할 수 있는 지혜를 발견하도록 해준다. 또한 자녀를 둔 부모에게는 건강한 양육을 통하여 자녀와의 유대감을 강화하여 통합적인 삶의 여정이 되도록 안내할 것이다. 다시 거듭 『성격대로 키워라』의 출간을 축하한다.

한국형에니어그램성격유형검사(KEPTI)와 5단계 프로그램이 개발되고 뿌리를 내린 지 30여 년이 지났다. 부모가 배우고 감동하여 자녀를 교육에 보내고, 아내가 배우고, 사랑하는 남편에게 권유하여 교육받고 감동하는 모습에서 에니어그램의 마력을 다시금 느낀다. 에니어그램의 기적의 지혜가 코로나 위기를 극복하고 행복한 일상으로 다시 돌아오는 데 도움이 되기를 기원한다. 다시 한번 에니어그램과의 소중한 만남의 은혜가 지속적인 감동으로 다가옴에 경의를 표한다.

사단법인 한국에니어그램인성연구원 이사장

윤운성

'바람직한 부모란 무엇일까?'

'자녀의 건강한 성장을 위해서
부모는 어떤 역할을 해야 할까?'

'올바른 부모-자녀 관계 형성을 위해서
부모는 어떻게 해야 할까?'

이것은 어느 시대를 막론하고 자녀를 키우는 모든 부모들이 고민하고 생각하는 화두일 것이다. 그리하여 얼마나 많은 부모교육 지침서들이 나오고 있고, 얼마나 좋은 말들로 가득한 부모 양육방식 관련 서적이 나오고 있는가.

코비드19 시대에 부모들은 예상치 못하게 자녀들과 많은 시간을 보내며 이러한 고민에 더 많이 휩싸였을 것이다. 이러한 부모의 마음을 민감하게 꿰뚫고, 따뜻한 시선과 전문적인 시각으로 부모들에게 해답을 알려주는 정말 마음에 들어오는 좋은 책이 출간되었다.

저자는 에니어그램 전문가로서 인간을 이해하는 심오하고 방대한 시스템을 이해하기 쉽고 적용하기 용이하게 부모들에게 전달하고 있다. 또한 수십 년을 학생들을 가르치고 상담한 교육전문가로서 아이들이 얼마나 독특하고 개별적인 아름다운 특성을 가지고 있는지를 부모들이 이해하길 바라고, 획일적인 양육방식을 지양하기를 바라는 마음이 담겨 있다.

이 책의 1부에서는 에니어그램의 역사와 개념, 전반적인 시스템을 설명하면서, 오랜 역사를 지닌 인간 개개인을 이해하는 유용한 도구임을 이야기하고 있다.

2부에서는 에니어그램의 관점에서 아이들 유형별로 성격의 특징과 강점, 잠재력이 있으며 성격의 약점을 보완하는 방법과, 스트레스에 놓인 아이를 건강하게 성장하도록 돕는 방법, 성격유형별 아이를 대하는 전략을 제시하고 있다.

3부에서는 아이들 성향별로 학습태도를 이해하고 성격유형별로 더 효율적인 학습방법이 있음을 이야기하며, 이를 아이의 학습습관에 적용할 수 있도록 도와주고 있다. 또한 아이들의 유형별 학습에 대한 동기 부여와 학습목표 세우기, 대표적인 인물, 선호하는 직업까지 실로 섬세하게 부모들이 궁금해 하는 부분을 다루고 있다.

핵가족 시대에 자녀들을 키우는 부모들 특히 어린 자녀들을 키우는 젊은 부모들은 윗세대의 도움이나 지혜 없이 많은 고충과 고민을 하며 자녀를 키우고 있을 것이다. 또한 부모들 자신의 양육방식과 훈육방식이 옳은지 그른지 의심과 불안 속에서 부모 역할을 하고 있을 것이다. 그러한 부모들에게 이 책은 좋은 지침서로 올바른 방향을 제시할 것이다.

저자의 전문적이고 예리하면서, 부드럽고 따뜻한 시선과 마음으로 써 내려간 이 책이 부모들에게 읽혀지는 동안 부모들 마음 역시 따뜻해지고 우리 아이들이 얼마나 눈부신 존재인지 확인하는 계기가 될 것이며, 자녀 양육에 대한 확신과 자신감이 생길 것이라 믿어 의심치 않는다.

아이들을 건강하게 키우기 위해 고민하는 많은 부모들 또는 아이를 가르치는 교육자들, 인간을 이해하고 조력하는 많은 전문가들에게 이 책을 추천하고 싶다.

한국에니어그램교육연구소 전임교수

박진윤

어머니와 단둘이 사는 청년이 있었다. 그런데 어느 날 청년은 외출에서 돌아오다가 뜻하지 않게 교통사고를 당했다. 소식을 듣고 몹시 놀란 어머니가 가슴 졸이며 병원으로 달려갔지만, 불행히도 청년은 이미 두 눈을 실명하고 말았다. … 중략 … 그러던 어느 날, 청년에게 기쁜 소식이 전해졌다. 이름을 밝히지 않은 누군가가 그에게 한쪽 눈을 기증하겠다는 것이다. 하지만 깊은 절망감에 빠져 있던 그는 그 사실조차 기쁘게 받아들이지 못했다. 결국 어머니의 간곡한 부탁으로 한쪽 눈 이식 수술을 마친 청년은 한동안 붕대로 눈을 가리고 있어야 했다. 그때도 청년은 자신을 간호하는 어머니에게 앞으로 어떻게 애꾸눈으로 살아가냐며 투정을 부렸다. 하지만 어머니는 청년의 말을 묵묵히 듣고만 있었다. 꽤 시간이 지나 드디어 청년은 붕대를 풀게 되었다. 그런데 붕대를 모두 풀고 앞을 본 순간 청년의 눈에서는 굵은 눈물 방울이 떨어지고 있었다. 그의 앞에는 한쪽 눈만을 가진 어머니가 애틋한 표정으로 아들을 바라보고 있었던 것이다. "두 눈을 다 주고 싶었지만, 그러면 네게 장님 몸뚱이가 짐이 될 것 같아서…" 어머니는 끝내 말을 다 잇지 못했다.

이것이 우리네 어머니의 삶이자 자식 사랑의 표현이다.[1]

이런 부모의 사랑이 가장 크게 나타나는 것이 자녀를 위한 교육이라고 생각한다. 자녀가 성장해서 행복하기를 바라는 마음으로 여러 가지를 해 줄 수 있지만, 그중에서 교육에 대한 투자가 가장 크게 도움이 된다고 할 수 있다. 부모가 아무리 많은 재산을 물려준다 한들 그것을 잘 유지하고 사용하지 못하면 소용이 없다. 또한 자녀에게 풍요로운 부만이 행복의 조건이 되는지에 대하여도 의문이 든다. 그러나 삶을 살아가는 데 도움이 되는 지식을 습득하는 것은 '지식' 자체로도 효용성이 뛰어나고, 나아가 '지혜'로 녹아서 자녀의 삶을 풍요롭게 해줄 것이다.

그러나 안타깝게도 우리나라 교육은 공교육만을 의지하고 따라가기에는 녹록치 않은 것이 현실이다. 역사를 돌이켜 보면 이러한 현실이 현대 사회에서만 발생하는 일이 아니라는 것을 알 수 있다. 흥미로운 것은 과거제도가 중요시되었던 조선시대 역시 사교육의 시대였다는 점이다.

세종 때 기록을 보면, 당시 최고 학부였던 성균관 기숙사에서 책을 읽는 유생이 열에 한둘밖에 되지 않는다는 내용이 있다. 당시 성균관 정원이 200명이었다는 … 중략 … 중종 때 기록에는 성균관의 학생이 한두 명밖에 되지 않는 공동화(空洞化) 상태에까지 이른 적도 있었다고 되어 있다.

---

1) 한준상. 국가과외(학지사:2007), p.152.

… 중략 …그렇다면 학생들은 어디서, 어떻게 과거 준비를 했을까? 그 해답은 다음의 실록기록에서 찾을 수 있다.

> (윤은보가 아뢰기를) 성균관과 사학에 모여 학업을
> 연마하지 아니하고 서울과 지방의 선비들이 사사로이
> 집에서 배우고 있습니다.
>
> (『중종실록』 권88 중종 33년 10월 계묘)

> (홍문관 부제학 등이 상소하기를) 선비들의 풍습이
> 성실하지 않고 경박하여 공경대부도 자제들을 취학시키는
> 것이 드물고, 모두 마을에서 흩어져 놀며 각자가 다른
> 선생을 구합니다.
>
> (『중종실록』 권86 중종 32년 12월 정사)

그들이 선택한 것은 사교육이었다. 당시의 학부형들은 자식들을 학교에 보내지 않고 집에서 '알아서' 공부를 시켰다.[2]

『과거공부를 알아야 우리교육이 보인다』에서 저자인 이원재 교수는 다음과 같이 이야기한다. "이 책은 그동안 우리들의 마음 한 켠을 짓눌러 왔

---

2) 이원재. 과거공부를 알아야 우리교육이 보인다(문음사:2016), pp.51-52.

던 콤플렉스를 해소시켜 주는 계기가 될 수도 있을 것이다. 옛날에는 모범적이었는데 지금은 왜 이 모양이냐는 식의 자괴감을 가질 필요가 없다는 것을 알게 될 것이다. 조선시대이든 지금이든 간에 시험이 자식의 장래를 좌우하는 상황에서는 어떤 부모라도 인간이 되게 하는 가르침보다는 우선 시험에 합격하도록 교육시킬 수밖에 없다. 어디까지나 잘못된 제도나 사회의 가치관 때문이지 학부모들의 탓으로 돌릴 수는 없는 것이다."라고 이야기 한다.[3]

세계에서 가장 치열한 경쟁구조 속의 교육제도와 교육환경에 놓여 있는 우리나라 현실에서 부모들의 역할은 과거에도 중요했고 현재에도 그리고 미래에도 중요할 것이다. 그리고 이렇게 치열한 구조에서 자녀가 조금 더 효율적으로 학습하고 목표로 하는 것을 성취할 수 있도록 도와주고 노력하는 것이 부모의 역할이기도 하다.

… 중략 … 국가가 그들의 자녀의 장래를 보장해 주는 것도 아니기 때문이다. 국가는 아이들의 미래를 끊임없이 이야기해대지만, 끝내 아이들 하나하나의 개별적인 '장래'만큼은 책임져 본 적이 없다. 그들이 자녀교육에 실패했을 경우, 국가가 나서서 그들의 개인적인 아픔을 치유해준 적 역시 한번도 없다. 자녀의 장래는 어차피 학부모 자신들이 감당해야 될 개인적

---

3) 이원재. 과거공부를 알아야 우리교육이 보인다(문음사:2016), p.13.

인 몫일 뿐이다.[4]

자녀교육에 관한 한 그것은 학부모의 고유권리이다. 그 어떤 국가도 한 개인의 행복을 책임질 수 없는 상황 속에서 자녀교육에 대한 일차적인 책임은 학부모의 것이다. 자녀교육의 실패는 학부모들에게는 그 개인만의 불행으로 끝난다. 국가가 그들 개인적인 불행을 막아 주지는 못한다. 그래서 학부모들은 그들이 바라는 자녀교육을 원한다.[5]

이 글에서는 어느 누구도 심지어 국가도 개인의 학업적 성취 결과에 대하여 책임지지 않는다고 이야기한다. 나는 주제넘게 교육제도의 문제점이나 해결책에 대하여 이야기하려는 것이 아니다. 위의 글에서 언급되었듯이 자녀의 행복을 위하여 부모가 무엇인가를 하는 것이 당연하고 그것을 위하여 부모 자신도 노력을 해야 한다는 것이다. 그렇기 때문에 이 책에서는 개인인 부모가 '노력'해야 하는 것 중에서 중요한 한 가지에 대하여 이야기하고자 한다.

일반적으로 우리 아이들의 최종 목표는 대부분 원하는 대학에 합격하는 것이다. 이것이 바람직한 것인지 바람직하지 않은 것인지에 대한 가치판단은 여기에서 이야기할 것은 아니다. 단지 우리 아이들이 대부분 이러한

---

4) 한준상. 국가과외(학지사:2007), p.85.
5) 한준상. 국가과외(학지사:2007), p.694.

입시 현실에 발을 디디고 있다는 사실이다. 우리는 좋든 싫든 수시로 변화하는 대한민국의 입시체제에서 순발력 있게 적응하고 대처해서 우리의 목표를 달성해야 하는 녹록치 않은 현실을 마주하고 있다.

나는 20년이 넘는 시간 동안 아이들을 지도하면서 우리 아이들이 희망하는 목표를 이루기 위해서는 어떻게 전략을 세우고 추진해야 하는지 수없이 고민하고 연구하고 실천해왔다. 우리는 일반적으로 아이들의 교과 성적을 올리는 것을 주 목표로 하고 있다. 그것이 학습의 결과이기 때문에 너무도 당연한 것이다. 그래서 학교에서는 정규수업 이외에 필요에 따라 방과후수업 등을 진행하고, 부모들은 소문난 학원이나 과외강사를 찾기도 한다. 그러나 대다수의 아이들이 학교에서 공부하고 부족한 부분은 학원이나 개인과외 등 다양한 방법으로 보완을 하고 있음에도 불구하고 모든 아이들이 만족할 만한 성과를 올리는 것은 아니다.

'그럼 어떻게 하란 말인가!'라는 의문이 생긴다. 주변에서는 '아이들에게 학습동기를 부여하고 자기주도적으로 공부할 수 있도록 하면 된다.'고 이야기한다. 그러나 구체적인 방법을 제시하는 경우는 흔하지 않다. 나는 이러한 문제에 대한 해결책과 교과학습이나 입시 컨설팅을 구분하여, 전자를 내적 접근방안이라 하고 후자를 외적 접근방안이라고 구분하여 본다.

내적 접근방안은 'How to~?'의 문제다. 즉 아이들은 '어떻게 공부할 것인가?' 부모는 '어떻게 도움을 줄 것인가?'에 관한 문제이다. 어떻게 아이들에게 접근하고 도움을 주어야 아이들이 원하는 성과를 이루어낼 수 있도록 할 것인지 고민해야 한다. 아이들이 스스로 어떻게 공부해야 할지 알고 실천하는 경우는 소수에 불과하다. 대부분의 아이들은 그 누군가의 도움을 받아야 한다. 그런데 도움을 주는 '누군가'가 과연 아이들에 대하여 얼마나 이해하고 정말 도움이 되도록 접근하고 있는지 고민하고, 그럼 어떻게 해야지 아이들의 성취과정에 도움을 줄 수 있는지 생각해 볼 문제이다.

다음은 외적 접근방안이다. 교과성적 등이 포함된 입시전략이다. 자주 바뀌는 교육과정을 이해하고, 우리 아이가 공부하는 환경−학교, 지역 등−을 분석해서 크게는 수시로 분류되는 학생부종합전형, 학생부교과전형, 논술 등 대학별 시험, 정시로 분류되는 수능시험을 치를지 아니면 두 가지 전형을 혼합해서 진행할지 결정한다. 이 부분은 학교나 대학교육협의회뿐만 아니라 많은 입시설명회와 일반학원에서도 준비를 도와주고 있으니 여기서는 언급하지 않는다.

내적 접근방안과 외적 접근방안의 관계는 한 편으로 새의 양쪽 날개처럼 균형있게 사용해서 목표에 도달하는 관계일 수도 있고, 다른 한편으로는 위계적인 구조를 가지고 있어서 내적 접근방안으로 아이들이 동기부여를 받고 효율적으로 공부를 할 수 있는 내면의 준비가 어느 정도 되면 그 위에 외적 접근방안인 교과 공부나 다양한 학교생활을 효과적이고 자기주도적으로 진행할 수도 있을 것이다. 이 책에서는 이미 언급하였듯이 첫 번째 방안인 내적 접근방안에 관심을 갖고 이야기를 전개해 나간다.

우선 앞에서 나온 기본적인 용어를 간단히 확인해보기로 한다. 자기주도학습은 아이가 스스로 계획을 세우고 열심히 공부하는 것이라는 막연한 개념보다는 좀 더 체계적인 개념이다. 자기주도학습의 개념은 학문적으로는 다양하게 이야기되고 있는데, 여기서는 좀 더 쉽게 간략하게 정리해 본다. 자기주도학습은 학습자가 스스로 학습하고자 하는 의지와 학습할 수 있는 능력이 기본 전제가 되고, 스스로 학습 목표를 정하고 실행하기 위한 계획을 세우고 그것을 실천한 다음, 마지막으로 학습결과를 평가하고 확인하는 과정을 말한다.

부모는 아이가 자기주도학습을 안 한다고 걱정만 할 것이 아니라, 그것을 할 수 있도록 도움을 주어야 한다. 기본적으로 아이가 공부를 하고자 하는 의욕이 있어야 한다. 이를 위해서는 앞에서 이야기했듯이 부모가 동기부여를 해주는 역할이 필요하다. 또한 학습과정에서 많이 사용하는 메타인지 방법도 강조된다. 메타인지 방법은 간단히 말하면 아이가 스스로 무엇을 모르고 무엇을 알고 있는지 파악하고, 모르는 부분을 해결하고 스스로 설명할 수 있도록 하는 것이다. 그런 후에 부모는 질문이나 대화를 통해서 아이가 학습한 내용에 대하여 확인하면 된다. 일단 아이가 자기주도적으로 학습할 수 있도록 하기 위해서는 학습동기를 부여하고 최소한의 학습능력을 갖출 수 있도록 도와주어야 한다.

나는 아이들을 대할 때 마음속에 항상 '모든 아이들은 자신의 문제를 스스로 해결할 수 있는 무한한 잠재력을 가지고 있다'는 긍정적인 믿음과 확신을 가지고 있다. 그리고 긍정적인 믿음을 토대로 아이들이 스스로 강점을 찾고, 그것을 활용해서 문제를 해결할 수 있도록 도와주고 있다. 마틴 셀리그만은 『긍정심리학』에서 "자신의 약점을 고치려고 시간과 노력을 투자하는 것보다는 인생 최대의 성공과 만족을 얻기 위하여 개인의 강점을 연마하고 활용하는 것이 중요하다."라고 이야기 하고 있다.[6] 아이들의 약점은 어쩔 수 없으니 그냥 내버려 두자는 이야기가 아니다. 성장하고 있는 우리 자녀를 위하여 강점을 찾아 개발하고 이후 약점을 보완할 수 있으면 더욱 좋을 것이다.

나는 아이들과 함께 학습코칭을 진행할 때에 에니어그램이라는 성격유형검사를 도구로 많이 사용한다. 그 이유 중의 하나는 아이의 말과 행동을 통하여 아이의 심리상태를 파악하고 아이를 이해하고 공감하기 위해서이다. 또 다른 이유는 아이들이 자신의 현재상태를 인식하고 목표를 설정해서 장애물을 극복해 나아가는 과정에서 아이의 강점를 파악해서 지지해주고, 약점을 보완할 수 있는 방법을 찾기 위해서이다. 이를 통하여 부모가 아이에게 '어떻게 도움을 줄 것인가'에 대한 해결의 실타래를 풀어나가고자 한다.

마지막으로 이 책에서 사용되는 기본구성과 용어는 리소와 허드슨이 정리한 내용과 윤운성 교수의 연구결과에 큰 도움을 받았음을 밝혀둔다.

2021년 10월

주영준

---

6) 마틴 셀리그만. 김인자 · 우문식 옮김. 마틴 셀리그만의 긍정심리학(물푸레:2020), p.64.

에니어그램이 생소한 독자들이 이 책을 조금 더 잘 이해하고 효율적으로 사용할 수 있도록 이 책의 사용법에 대하여 설명한다. 기본적으로 이 책을 가장 잘 이해하고 활용하기 위하여 가장 효과적인 방법은 나와 있는 순서대로 읽는 것이다.

책을 읽고 나면 이해하겠지만 아이들뿐만 아니라 우리 모두는 9가지 유형의 특징을 모두 조금씩 가지고 있다. 따라서 유기적으로 연결된 에니어그램의 특성상 9가지 유형의 건강한 모습을 골고루 발달시켜야 성장할 수 있기 때문에 순서대로 모든 유형을 읽어야 한다.

첫째, 순서대로 읽는 독자를 위하여 책의 특징을 간단히 정리하면 다음과 같다.

1부 에니어그램이란

에니어그램이 생소한 독자들을 위하여 기본 흐름과 사용되는 용어와 표현을 설명하고 있다. 그리고 이 곳에서 자녀의 성격유형을 찾는다. 우리는 찾은 자녀의 성격유형을 가지고 이 책을 읽어나갈 것이다.

2부 유형별 우리 아이 생활태도 알아보기

1부에서 읽은 에니어그램 9가지 유형별 내용을 토대로 하여 각 유형의 날개, 화살표 방향(통합과 비통합), 발달수준에 때라 아이들의 성격이 어떻게 나타나는지 구체적으로 설명하고 있다.

마지막으로 부모가 자녀를 대할 때 도움이 되는 전략을 이야기한다. 이때 날개나 화살표 방향 그리고 발달수준의 이해가 어려운 독자들은 해당하는 부분마다 1부에 그것이 나오는 위치 표시를 해놓았으니 다시 돌아가서 참고하면 도움이 될 것이다.

3부 유형별 우리 아이 학습특징 알아보기

아이들이 공부할 때의 특징, 과제할 때 나타나는 특징적인 모습과 해결방안, 학습목표와 계획을 세우고 실천하기, 그리고 동기부여 등에 대하여 9가지 유형별로 특징을 사례와 더불어 설명하고 있다.

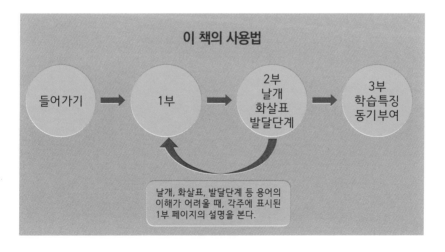

이 책의 사용법

들어가기 → 1부 → 2부 날개 화살표 발달단계 → 3부 학습특징 동기부여

날개, 화살표, 발달단계 등 용어의 이해가 어려울 때, 각주에 표시된 1부 페이지의 설명을 본다.

둘째, 만약 시간을 줄여서 필요한 내용을 먼저 읽고 나중에 전체적으로 다시 읽고자 하는 독자들은 우선 1부를 읽으면서 자녀의 성격유형을 먼저 파악한다. 그리고 자녀의 기본유형과 날개 2개, 화살표의 방향에 따른 통합 비통합 2개를 찾아내서 총 5개의 유형에 대한 2부와 3부의 설명을 읽는 것이 하나의 방법이 될 수도 있다.

그러나 아무리 시간이 없다고 하더라도 자녀에게 해당되는 유형만 읽는 것은 추천하지 않는다. 에니어그램의 다양한 역동성을 놓쳐서 오히려 자녀에 대한 그릇된 편견만 강화되는 경우가 생길까 우려되기 때문이다. 그리고 놓쳐서는 안 되는 것은 이 책을 읽다보면 자녀뿐만 아니라 부모 자신도 유형을 알아내고 자신을 이해하게 됨으로써 자녀와의 관계를 더욱 선순환 고리로 만들 수 있는 기회를 얻게 될 것이다.

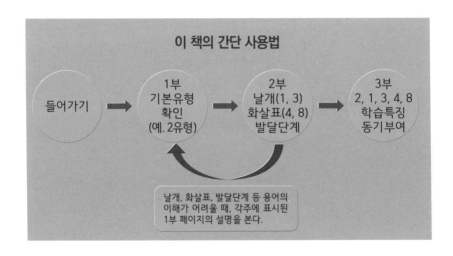

이 책의 간단 사용법

들어가기 ➡ 1부
기본유형
확인
(예. 2유형) ➡ 2부
날개(1, 3)
화살표(4, 8)
발달단계 ➡ 3부
2, 1, 3, 4, 8
학습특징
동기부여

날개, 화살표, 발달단계 등 용어의 이해가 어려울 때, 각주에 표시된 1부 페이지의 설명을 본다.

차 례

| 격려사   3
| 추천사   6
| 들어가는 글   9
| 이 책의 사용법   18

에니어그램이란

에니어그램의 이해   25

☺ 에니어그램의 역사   27

☺ 에니어그램의 의미와 상징   29

☺ 에너지의 중심과 9가지 성격유형   31

☺ 에너지의 중심(세 개의 자아)   33

☺ 9가지 성격유형   38

☺ 날개   41

☺ 화살표의 방향 : 통합과 비통합   43

☺ 발달수준   45

☺ MBTI와 비교   47

☺ MBTI의 4가지 선호지표   48

☺ MBTI와 에니어그램의 비교   51

☺ 우리아이 성격유형 찾는 방법   53

유형별 우리 아이 생활태도 알아보기

2유형의 아이   63

3유형의 아이   71

4유형의 아이   79

5유형의 아이   87

6유형의 아이   95

7유형의 아이   103

8유형의 아이   111

9유형의 아이   119

1유형의 아이   127

유형별 우리 아이 학습특징 알아보기

2유형 아이의 학습태도   137

3유형 아이의 학습태도   146

4유형 아이의 학습태도   155

5유형 아이의 학습태도   164

6유형 아이의 학습태도   172

7유형 아이의 학습태도   181

8유형 아이의 학습태도   189

9유형 아이의 학습태도   197

1유형 아이의 학습태도   206

| 마무리 글   215

에니어그램이란

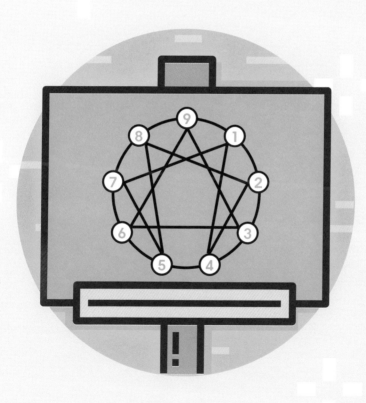

에니어그램의 이해

에니어그램에서는 사람의 성격유형을 9가지로 분류하고, 각각의 성격 유형을 1부터 9까지의 숫자를 사용하여 표현한다. 그 이유는 숫자는 선입 견이 배제된 가치중립적인 특성이 있기 때문이다. 어떤 성격유형도 다른 성 격유형보다 우월하다거나 열등한 경우는 없다. 이 책에서도 성격유형을 분 류할 때 '6유형의 아이'처럼 숫자를 그대로 사용한다.

리소(Riso)와 허드슨(Hudson)은 사람의 성격을 9가지로 유형화해서 구별하는 방법이 중요한 것이 아니라, 각 유형에서 어떤 특질이 작용하는지 배우고, 아이들이 그 특질들을 어떻게 말과 행동으로 나타내는지 관찰하는 것이 중요하다고 이야기한다. 예를 들어 아이가 학교에서 시험을 보고 왔는 데, 성적이 10점이 떨어졌다고 가정하자. 아이들의 반응을 살펴보면 1유형 의 아이는 스스로 열심히 못한 것을 자책하고, 2유형의 아이는 성적을 올려 서 엄마를 기쁘게 하고 싶었는데 그렇지 못해서 속상해 한다. 7유형의 아이 는 금세 잊어버리고 웃으면서 다음에 잘하면 된다고 생각하고, 9유형의 아이는 자기 성적 때문에 엄마 아빠가 다툴까봐 걱정하면서도 5점 떨어진 친구가 속상해하는 것을 보고 이해할 수 없다는 표정을 지을 수도 있다. 무엇 때문에 각 유형의 아이들의 반응이 다른지 그 이유를 알고, 아이의 특질을 이해하여야 아이가 발전할 수 있도록 도와 줄 수 있을 것이다. 이것이 이 책을 통하여 얻어야 하는 것 중의 하나라고 생각한다.

에니어그램에서는 사람의 기본유형은 고정되어 있어서 시간이 흐르면서 다른 유형으로 변하지 않는다. 그러나 약간 깊이 있게 설명을 하면, 어떤 날개를 사용하는지, 화살표의 방향이 통합방향인지 분열방향인지, 건강한 정도가 어떻게 되는지, 하위유형은 무엇인지에 따라서 똑같은 6유형의 아이들이라도 다른 모습으로 나타나고 변화되는 모습을 보이기도 한다. 이것은 기본유형이 바뀌는 것이 아니다. 1부 뒤에서 일반적인 설명을 하고, 2부에서 유형별로 설명하였다.[1]

아이든 성인이든 자기 성격유형을 찾아갈 때 바로 찾는 경우도 있지만 여러 번의 과정을 통해서 찾는 경우도 있다. 우리 아이들을 이해하려면 아직 성장하는 과정이어서 자신의 성격유형이 드러나지 않고 있다가 성인이 되면 본연의 자기 모습을 찾는 경우도 있다는 것을 알아야 한다. 예를 들면 어떤 사람이 학창시절에 친구들을 배려하고 착한 학생으로 지내도록 지속적으로 교육을 받고 성장했다면 그당시에는 2유형인 것처럼 나타날 수도

---

1) Don Richard Riso, Russ Hudson, 윤운성 외 옮김. 에니어그램 성격유형(학지사:2018), p.77.

있지만, 성인이 된 후에 검사해 보면 다른 자기 본연의 유형으로 나타나는 경우도 있다. 그래서 어린 아이들을 대할 때 특정 유형으로 확정해서 해석하는 것은 주의해야 한다.

그래서 부모는 자녀의 성격유형을 참고해서 아이를 이해하고 지도해야 하겠지만, 궁극적으로 우리 아이들이 9가지 성격유형의 장점을 잘 개발하도록 도와주는 것이 가장 바람직하다. 왜냐하면 사람에게는 9가지 유형의 특징이 모두 포함되어 있기 때문이다. 그중에서 특정 유형이 강하게 나타나기도 하고, 성장하면서 건강하게 발전하기 위하여 특정 유형을 개발하기도 한다. 그렇게 통합적으로 성장하는 것이 에니어그램의 본질적인 부분이기도 하다. 부모는 본인의 자녀에게 해당하는 유형만 읽기보다는 9가지 유형을 모두 읽고 참고하는 것이 바람직하다.

이제 에니어그램의 기원부터 차근차근 알아보기로 하자.

에니어그램의 역사

에니어그램의 기원은 아주 옛날로 거슬러 올라가서 BC. 2500년경 바빌론 또는 중동지역에서 시작되었다는 이야기가 있지만, 정확하지 않고 또한 논란의 여지도 있다. 에니어그램은 오랜 세월 동안 사람들 사이로 구전되어 오면서 기독교, 불교, 이슬람교, 유대교 등 다양한 종교의 영적 가르

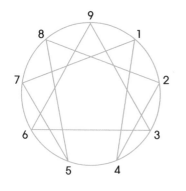

침을 포함하게 되었다. 또한 프로이트(Freud), 융(Jung), 호나이(Horney) 등의 심리학적 통찰과도 연계되어 있다. 리소와 허드슨은 "에니어그램은 현대 심리학의 통찰과 결합하고 영적 지혜의 심오한 학습단계를 거쳐 전수되어 온 정수다."[2]라고 이야기하고 있다. 이토록 오랜 역사를 가지고 있음에도 불구하고 에니어그램이 서구에 알려지기 시작한 것은 최근의 일이다.

러시아 출신의 영적 스승으로 알려진 구르지예프(Gurdjieff, 1887~1949)가 1910년에서 1920년 사이에 에니어그램을 서구에 전한 것으로 알려져 있다. 그 후 1960년대 이카조(Ichazo)가 에니어그램 성격유형을 도형에 접목시켜서 연구하기 시작했으며, 1970년에 미국으로 건너가 아리카연구소에서 계속해서 제자들을 지도했다. 이카조의 제자 중 심리학자인 나란조(Naranzo)가 에니어그램을 미국에 널리 전파하였다. 1988년 미국에서 리소와 허드슨이 에니어그램을 정리한 책을 출간하면서 에니어그램이 세계적으로 널리 알려지게 되었다.

우리나라에는 1984년 박인재가 구르지예프의 저서 『위대한 만남』을 번역하면서 에니어그램이 최초로 국내에 소개되었다. 그 후 1990년대에

---

2) Don Richard Riso, Russ Hudson, 윤운성 외 옮김. 에니어그램 성격유형(학지사:2018), p.28.

카톨릭을 중심으로 보급되기 시작하였으며, 1998년에 윤운성 교수가 한국에니어그램학회와 한국에니어그램교육연구소를 설립하여 에니어그램을 대중화에 앞장서고 있다. 현재는 에니어그램이 가지고 있는 인간탐구에 대한 구조적인 우수성으로 인해 정치, 사회, 교육, 문화 전 영역에 전파되기에 이르렀다.

에니어그램의 의미와 상징[3][4]

에니어그램(Enneagram)은 그리스어로 'Ennea'와 'gramm'의 합성어이다. 'Ennea'는 '9'를 의미하고 'gramm'는 '점', '문자', '도형'을 의미한다. 그래서 '에니어그램'은 '9개의 점으로 구성된 도형'을 의미한다.

그림처럼 원과 삼각형 그리고 헥사드 도형이 하나로 합해져서 에니어그램의 도형을 형성한다. 하나의 원 안에 인간의 성격유형을 9개의 숫자로 표현한 기하학적인 도형이 에니어그램의 상징이다. 3, 6, 9는 정삼각형 위에 있고, 1, 4, 2, 8, 5, 7 은 순서대로 헥사드 위에 있는 상징체계이다.

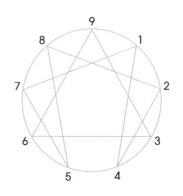

---

3) 윤운성. 에니어그램의 이해(한국에니어그램교육연구소:2019), pp.20-21.
4) Don Richard Riso, Russ Hudson, 주혜명 옮김. 에니어그램의 지혜(한문화:2016), pp.37-38.

에니어그램의 도형을 보면 원과 정삼각형 그리고 헥사드로 구성이 되어 있는 것을 알 수 있다.

이 도형들은 각각 다음과 같이 설명할 수 있다.

⚙ 원 Circle

원은 시간과 공간을 초월한 영원한 존재로서 인간 본질에 대한 깨달음을 찾아가는 것을 상징한다. 원은 이상향이며 완전함을 의미한다.

⚙ 삼각형 Triangle

삼각형은 동양철학의 천지인(天地人)의 합일, 기독교의 삼위일체와 같이 인간의 이성, 감성, 의지의 합치를 통해 자아의 완성으로 나아가는 것을 상징한다.

⚙ 헥사드 Hexad

숫자가 1-4-2-8-5-7의 방향으로 순환하면서 적응하고 변화하는 것을 의미한다.

1부터 9까지 수를 7로 나누면 모든 수가 0.1428571··· 처럼 순환하는 소수의 형태가 나타난다. 헥사드는 변화할 수 있는 에너지의 역동적 관계를 보여준다.

에너지의 중심과 9가지 성격유형

어느 날 지인과 그의 자녀에 대하여 이야기를 나누는 자리가 있었다. 그는 최근에 중학교 다니는 큰딸아이의 모습을 보고 깜짝 놀랐다고 이야기했다. 나는 궁금해 하면서 무슨 일이 있었는지 물어보았다.

지인은 부부가 맞벌이를 하고 있다. 그래서 가끔 엄마아빠 모두 늦게 들어오는 날이 있기도 했다. 그럴 때는 큰아이가 종종 저녁 준비도 해서 동생도 챙겨주고 집안 청소와 설거지까지 하기 때문에, 맞벌이를 하는 그 부부에게는 크게 도움을 주는 아이라고 이야기했다.

그러던 어느 날 퇴근해서 집에 들어왔더니 동생하고 큰 소리로 싸우고 있는 게 아닌가. 너무 놀라서 자초지종을 물어보니 큰딸아이가 화가 많이 난 말투로 "동생이 요즘 밥 먹고 치우지도 않고 방에 들어가서 게임만 하잖아요. 맨날 밥 챙겨주고 정리해주면 고마운 줄을 알아야지, 누군 맨날 청소하고 설거지를 하고 싶어서 하는 줄 알아요!"

"다음부터는 밥도 지가 알아서 먹고 청소를 하든지 말든지 나는 모르겠어요!"

"엄마아빠도 나한테만 뭐라고 하지 말고, 쟤한테도 좀 시키고 혼내고 하세요!"

하면서 큰 소리를 내는 것에 놀랐다고 한다. 항상 알아서 부부를 도와주고 동생을 챙겨주는 착한 아이로만 알고 있었는데, 이런 상황이 벌어질 것이라고는 상상도 못해 본 것 같았다. 그날 그 부부는 너무 놀라고 당황해서 "이 아이를 어떻게 이해해야 할지 고민이 생겼다."고 이야기했다. 이런 경우 부모가 아이의 성격에 대해서 어느 정도 잘 알고 있다고 생각했겠지만, 한 편으로는 아직 깊이 있게 모르고 있었을 수 있다.

위에 든 사례의 경우 아이의 성격유형을 알면 아이가 집안일을 잘 도와주다가 갑자기 화를 내는 이유를 알게 된다. 그래서 아이를 좀 더 이해하게 되고 어떻게 대해야 할지를 알게 된다. 또한 더 나아가서 이 아이의 학습태도는 어떤 특성이 있는지, 어떻게 하면 도움을 줄 수 있을지를 알게 될 것이다.

우리는 '자신'의 성격과 우리 주변사람들 특히 아이의 성격을 깊이 있게 이해하면 위와 같은 상황을 미연에 방지하거나 그 상황에서 당황하지 않고 아이를 이해하고 도와 줄 수 있다. 이 책에서는 에니어그램을 통해서 우리 아이의 성격유형을 파악하면서 아이의 강점과 약점을 알아보고자 한다. 그래서 어떻게 아이를 이해하고 도와주어야 아이가 더욱 건강하게 성장하고 더불어 학습능력을 향상시킬 수 있는지 이야기하고자 한다. 부모 자신도 본인의 성격유형을 파악하고 본인의 어떤 성향 때문에 아이가 상처를 받거나 동기부여를 받는지를 알 수 있게 된다면 더욱 건강하고 화목한 가정이 되리라고 생각한다.

에너지의 중심(세 개의 자아) 5)6)

일상생활에서 외부에서 어떤 자극을 받았을 때 사람마다 각각 다른 반응을 보인다. 우리의 에너지가 나오는 곳이 다르기 때문이다. 에니어그램에서는 그 에너지의 원천을 감정(가슴)형, 사고(머리)형, 본능(장)형으로 분류한다. 우리는 감정형, 사고형, 본능형 중에서 어느 하나의 에너지 중심을 가지고 있어서 일상생활에서 발생하는 어떤 상황에 대하여 반응하고 행동할 때 에너지의 중심에 따라 각각 다르게 반응하게 된다.

한편 에너지의 중심은 어떤 사람이 9가지 성격유형 중에서 어떤 성격유형인가를 파악할 수 있는 기초적인 단서를 주기도 한다. 다음 그림과 같이 2유형 · 3유형 · 4유형은 감정형, 5유형 · 6유형 · 7유형은 사고형, 그리고 8유형 · 9유형 · 1유형은 본능형으로 분류한다.

---

5) 윤운성. 에니어그램의 이해(한국에니어그램교육연구소:2019), pp.26-34.
6) Don Richard Riso, Russ Hudson, 윤운성 외 옮김. 에니어그램 성격유형(학지사:2018), p.29, p.59.

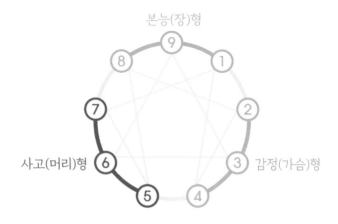

이제부터 우리 아이의 성격유형을 찾아 떠나는 여행을 시작한다. 우선 다음 글을 읽으면서 우리 아이뿐만 아니라 나 자신의 에너지 중심이 어디에 있는지 파악해 보기를 바란다. 그리고나서 그 에너지 중심－감정형, 사고형, 본능형－ 안에 각각 3가지 성격유형 중에서 어느 유형에 속하는지를 알게 될 것이다. 다시 말해서 9가지 성격유형 중에서 어떤 유형에 속하지를 알아 볼 것이다.

에너지 중심과 9가지 유형

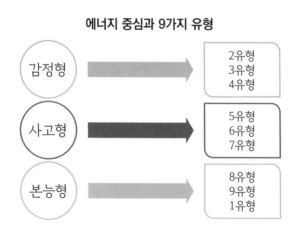

⚙ 감정(가슴)형 2유형, 3유형, 4유형

에너지의 중심을 가슴에 두는 감정형의 아이들은 감정이나 다른 사람에게 보여지는 자신의 '이미지'(self image)를 중요하게 생각한다. 그래서 이들은 사람들과의 관계에서 상대방이 자신을 어떻게 평가하는지, 즉 상대방에게 자신 또는 자신의 행동이 어떻게 보여지는지에 따라서 심리적 에너지가 영향을 받는다.

감정형의 아이들은 주변 사람들에게 인정받기 위해서 애교도 많이 부리고, 힘든 친구를 도와주려고 하며, 착한 아이로 보여지기 위해 노력한다. 가슴형 아이들은 유행에 민감하기 때문에 옷차림 같은 외모에도 관심이 많고, 감수성과 표현력도 뛰어나다. 반면 이들은 친구들 사이에서 경쟁의식도 강하고, 가지고 싶은 것은 떼를 써서라도 얻어내려 한다.

감정형의 아이들은 어떤 상황에 대하여 직관적이고 주관적으로 판단하는 성향이 있다. 이들은 일상생활에서 수치심이라는 감정이 많이 나타난다. 감정형의 3가지 성격유형인 2유형, 3유형, 4유형은 타인과의 관계에서 자신의 이미지를 구축하고 대응하는 방식이 다르게 나타난다.

⚙ 사고(머리)형 5유형, 6유형, 7유형

에너지의 중심을 머리에 두는 사고형의 아이들은 관찰하고 분석하는 사고과정에 능숙하기 때문에 통찰력과 이해하는 능력이 다른 유형의 아이들보다 뛰어나다. 그리고 이들은 자신이 안전한지 여부를 중요하게 생각하고, 행동하기 전에 생각을 많이 한다. 이들은 안전을 중요시하기 때문에 미래에 발생할 일이 잘 안 되면 어떡하나 하는 불안한 감정을 가지고 있고, 선생님과 같이 권위가 있는 사람에게 의지하기도 한다.

사고형의 아이들은 조용하고 내성적이어서 학교에서도 존재감이 별로 나타나지 않는 경우도 있다. 이런 성격 때문에 머리형의 아이들 중에서는 숫기가 없어서 다른 친구들 앞에서 발표를 하거나 나서기를 어려워 하기도 한다. 사고형의 아이들은 혼자 노는 것을 즐기므로 집에서도 자기 방의 문을 닫고 시간을 보내는 경우도 있다. 또 자기의 마음속 이야기를 부모에게도 잘 안 하는 경향이 있어서 "저 아이는 속을 모르겠어."라는 말을 듣기도 한다.

사고형의 아이들은 일상에서 공포나 불안감을 주요한 정서로 가지고 발생하는 상황에 반응한다. 그런데 5유형, 6유형, 7유형은 이렇게 불안한 감정을 해소하기 위해서 각각 다른 방법을 사용한다.

🔩 본능(장)형 8유형, 9유형, 1유형

에너지의 중심을 장에 두는 본능형의 아이들은 다른 사람들과의 관계에서 자신의 영역을 중요시하기 때문에 그것을 유지하기 위해서 노력한다. 이들은 다른 사람이 자신을 억압하는 것을 참지 못하고, 또한 자신의 가족과 친구들같이 자기의 영역으로 생각되는 사람들을 보호하려고 한다. 이들은 본능에 따라 행동하는 성향을 가지고 있기 때문에 에너지의 중심이 행동에 있다.

본능형의 아이들은 현실 속에서 질서를 유지하고 의무과 책임을 중요하게 생각한다. 때로는 이들은 다른 사람의 생각은 중요하지 않게 여기고 직관적이고 독단적으로 행동할 때가 있다.

본능형의 아이들은 독립심이 강해서 부모의 간섭을 받거나 잔소리 듣는 것을 매우 싫어하고, 자기 일은 스스로 책임감있게 잘 준비하고 처리하는 모습을 보인다. 이들은 행동으로 실천하고 추진하는 능력이 뛰어나서 생각이나 말보다는 행동으로 먼저 나타난다. 본능형의 아이들은 선생님이 지시한 일들을 잘 처리해서 믿을 수 있는 모범생으로 평가받기도 한다.

본능형의 아이들은 일상생활에서 분노나 화를 주요한 정서로 가지고 발생하는 상황에 반응한다. 이들은 다른 사람이 자신을 억압하려고 하거나 영향을 미치려고 할 때 8유형, 9유형, 1유형은 각각 다르게 대응하는 보습을 보인다.

지금까지 우리는 감정, 사고, 그리고 본능 세 가지 에너지의 중심에 대하여 알아보았다. 당신의 자녀의 에너지 중심이 어디에 속하는지 판별이 되었으면, 9가지 유형에 대하여 간단히 알아보자. 만약 정확하지 않거나 판별이 잘 안 되어도 크게 염려할 필요가 없다. 다음에서 나오는 9가지 유형에 대한 특징을 읽어보면 좀 더 구체적으로 판단할 수 있을 것이다. 그리고 1부 마지막에 기본 성격유형을 알아볼 수 있는 검사를 진행할 것이다.

9가지 성격유형

⚙ 2유형의 아이

2유형의 아이는 주변에 도움을 주는 성향이 있다. 부모님이나 동생 그리고 친구들의 어려움을 알아채고 잘 도와주는 따뜻한 마음을 가지고 있다. 자신을 희생해서 주변을 돕기도 하지만, 때로는 남을 의식해서 비위를 맞추거나 아첨을 하기도 한다. 남들을 챙겨주다가 자신의 일을 못하는 경우도 생긴다.

⚙ 3유형의 아이

3유형의 아이는 능력이 뛰어나며 목표를 반드시 성취하려는 성향이 강하다. 이들은 적응력과 추진력이 뛰어나며, 주변 사람들에게 인정받는 것을 좋아한다. 친구들과의 관계에서는 경쟁심이 강하고 한편으로 인기도 많다. 성취욕구가 강하다 보니 때로는 친구들을 골라서 사귀는 경우도 있다.

⚙ 4유형의 아이

4유형의 아이는 예술적 감각이 뛰어나며 창조적인 생각을 잘한다. 자신은 친구들과 달리 특별한 존재라고 생각한다. 이들은 내성적이며 섬세한 성격이라 마음의 상처를 쉽게 받기도 한다. 생각이나 옷차림에서 평범함을 거부하며, 때로는 감정의 기복이 심하게 나타나기도 한다.

⚙ 5유형의 아이

5유형의 아이는 지적이며 호기심이 많아서 탐구하는 것을 좋아한다. 또한 객관적이고 분석적이며 통찰력이 뛰어나다. 이들은 내성적이어서 종종 혼자만의 시간을 보내는 것을 좋아한다. 생각이 많고 계속 몰입해서 탐구를 하다 보니 행동으로 옮기는 것이 느린 경향이 있다.

⚙ 6유형의 아이

6유형의 아이는 성실하고 책임감이 강해서 주변 사람들에게 신뢰를 받는 충성가의 성향이 있다. 이들은 안전에 대한 불안한 감정이 강해서 일상생활에서 걱정이 많은 편이다. 그래서 언제나 신중하게 생각하고 다시 확인하고 행동하는 경향이 있다. 어떤 결정을 못하고 우유부단한 모습을 보이기도 하고, 때로는 주변 사람들에게 의견을 물어보기도 한다.

⚙ 7유형의 아이

7유형의 아이는 언제나 긍정적이며 행복을 추구하는 낙천가적 성향이 강하다. 호기심이 많고 상상력이 풍부해서 언제나 아이디어가 넘쳐난다. 이들은 자유로운 것을 좋아하고 지나치게 엄격한 규칙이나 경직된 조직에서 생활을 힘들어 한다. 재미있고 흥미로운 것을 선호하는 성격 때문에 산만하다는 평가를 받기도 한다.

⚙ 8유형의 아이

8유형의 아이는 힘이 있고 지도자로서의 성향이 강하다. 친구들과의 관계에서도 리더 역할을 하고, 자기보다 약한 친구를 보살펴 준다. 이들은 용기가 있고 적극적으로 행동하며, 어려운 일도 거침없이 추진해 나아간다. 누군가 자신에게 명령하고 억압하는 것을 못 견뎌하면서도, 주변을 자기 뜻대로 통제하려는 경향이 있다.

⚙ 9유형의 아이

9유형의 아이는 친구들을 잘 화합하게 하는 평화주의자이다. 이들은 가급적 문제를 일으키는 것을 원치 않으며, 자신의 것을 양보하면서라도 평화롭게 지내기를 원한다. 그러나 때로는 고집스러운 면이 나타나기도 하고, 여유롭고 느긋하다 보니 게으른 모습을 보이기도 한다.

⚙ 1유형의 아이

1유형의 아이는 도덕적이고 정직한 원칙주의자이다. 어른들에게는 예의가 바르고 자기가 해야 할 일은 알아서 잘하는 모습을 보인다. 이들은 완벽주의적인 성향이 강해서 주어진 일을 꼼꼼하게 마무리하지 못하면 스트레스를 받고, 실수를 하게 되면 스스로 자책을 많이 한다. 이러한 성격 때문에 주변에 화를 내거나 잔소리하는 모습을 보인다.

에니어그램의 9가지 성격유형의 특징을 간단하게 정리하면 다음과 같이 이야기할 수 있다.

- ☺ **2유형 아이** : 다른 친구들에게 도움을 주려는 성향을 가졌다.
- ☺ **3유형 아이** : 목적한 것을 성취하는 성향을 가졌다.
- ☺ **4유형 아이** : 낭만적이고 예술적인 성향을 가졌다.
- ☺ **5유형 아이** : 지적으로 탐구하는 성향을 가졌다.
- ☺ **6유형 아이** : 안전을 중요시하고 책임감이 강하다.
- ☺ **7유형 아이** : 즐거운 것을 좋아하고 활발한 성향을 가졌다.
- ☺ **8유형 아이** : 자기주장이 강하고 리더로서의 성향을 가졌다.
- ☺ **9유형 아이** : 친구사이를 중재하고 평화로운 성향을 가졌다.
- ☺ **1유형 아이** : 완벽을 추구하는 개혁적인 성향을 가졌다.

날개

에니어그램에서 우리 아이들뿐만 아니라 우리 모두의 성격유형이 단편적으로 9가지로만 분류되는 것이 아니다. 에니어그램은 유기체와 같이 역동적으로 움직이므로 다양하게 해석될 수 있다. 9가지 유형 중에서 같은 유형의 사람이라도 다른 모습으로 성격이 나타나기도 한다. 그중 한 가지 이유가 '날개'이다. 기본유형이 하나 있으면 양 옆에 이웃하는 두 유형을 '날개(wing)'라고 부르는데, 그중의 하나가 주된 날개가 된다. 깊이 있게 들어가면 날개에 관련된 이론은 좀 더 복잡한 모습을 띄지만, 양 옆에 이웃하는 두 개의 유형 중에서 하나를 날개로 갖는 것으로 이해해도 전혀 무리가 없을 것으로 본다.

우리 아이들의 성격유형은 하나의 기본 성격유형과 더불어 양쪽 옆에 이웃한 두 유형 중 하나를 날개로 가지면서 혼합된 형태로 나타난다. 그림을 보면 9번 양 옆에 8번과 1번이 위치하고 있다. 그러므로 9번이 기본유형일 때는 양 옆에 있는 8번과 1번 중에서 수치가 더 큰 것 하나를 날개로 가지게 된다. 만약 1번을 날개로 가지면, '1번 날개를 가지는 9유형'이라고 이야기하고 표시할 때는 'wing'의 'W'를 사용하여서 '9W1'이라고 표시한다.

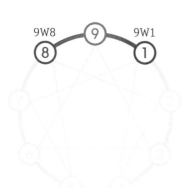

앞에서 언급하였듯이 날개는 같은 성격유형의 아이들임에도 불구하고 다른 모습을 나타내주는 것을 설명하는 요인 중의 하나이다. 따라서 우리 아이의 기본유형이 9유형일지라도 양 옆에 있는 8번을 날개로 사용하는지, 아니면 1번을 날개로 사용하는지에 따라서 성격의 차이가 나타난다. 8번 날개를 가지는 9유형의 아이는 8유형의 특징이 같이 나타난다. 평화주의자이기 때문에 친구들의 의견에 대부분 동의하는 9번이 8번의 영향을 받아서 자기의 의견을 좀 더 적극적으로 표현하게 된다. 이때 부모는 나머지 1번을 더 잘 사용할 수 있도록 도와주면 된다. 각 기본유형이 날개에 따라 나타나는 특징은 2부에서 이야기 나누기로 한다.

중요한 것은 우리는 아이의 성격유형을 세분화해서 어떤 틀에 넣으려는 것이 아니다. 날개를 찾는 이유 중 하나는 우리 아이가 양쪽의 날개에 해당하는 유형을 균형있게 발달시켜서 더욱 건강한 사람으로 성장하도록 하기 위한 것임을 기억하기 바란다.

 ## 화살표의 방향 : 통합과 비통합

에니어그램의 9가지 유형은 서로 연결이 되어 있어서 화살표의 방향에 따라서 심리적으로 스트레스가 심하고 부정적인 영향을 미치거나, 반대로 안정화되어서 긍정적인 영향을 미치는 역동적인 특성을 가지고 있다. 그림

을 자세히 보면 화살표가 두 개의 집합으로 나누어져서 돌고 있다. 하나의 형태는 헥사드 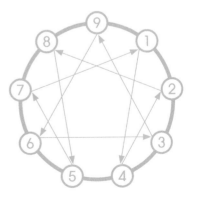 모양으로 화살표의 흐름이 1번에서 시작한다고 생각하고 보면 1→4→2→8→5→7→1 순서로 연결이 되어 있고, 두 번째 형태는 삼

각형 모양으로 9→6→3→9의 순서로 연결되어 있다. 이 화살표의 순서는 비통합의 방향으로 스트레스가 심해지고 부정적인 영향을 미치는 방향이다. 이와 반대의 방향은 통합의 방향으로 심리적으로 안정화되면서 긍정적인 영향을 미친다.

리소와 허드슨은 통합과 비통합에 대하여 다음과 같이 이야기한다.

통합과 비통합의 방향은 발달과정에서 우리가 진보하고 있는지 퇴보하고 있는지를 알려 준다. 통합은 우리에게 성장의 객관적인 표시를 제공한다. 비통합은 스트레스 상황에서 우리가 어떻게 반응하며 우리의 무의식적인 동기가 무엇이며 역설적으로 통합으로 나아가기 위해서 어떤 자질이 필요한지를 우리에게 보여준다.[7]

좀 더 구체적으로 이야기해 보자. 그림에서 어느 번호를 보더라도 한쪽으로는 화살표가 나가고, 다른 한 쪽으로는 화살표가 들어오고 있다. 예

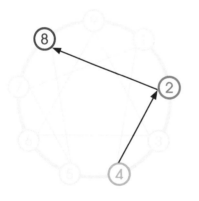

를 들어 2유형은 화살표가 '가는' 방향인 8번이 비통합의 방향이다. 이때는 스트레스 상태로 8유형의 부정적인 면이 많이 나타나는 모습을 볼 수 있다. 그러나 화살표가 '오는' 4번 방향은 통합의 방향이다. 이때는 심리적으로 안

7) Don Richard Riso, Russ Hudson. 주혜명 옮김. 에니어그램의 지혜(한문화: 2016), p.125.

정화되어 있는 상태로 4유형의 긍정적인 면이 많이 나타나게 된다. 자신의 기본유형을 기준으로 부정적인 것은 화살표 방향처럼 내보내고, 긍정적인 것은 화살표 방향처럼 받아들인다고 생각하면 이해가 쉬울 것이다. 우리 아이가 비통합의 방향에 있는 유형의 부정적인 면이 나타나면 그 순간을 알아차리고 아이를 좀 더 이해하고 스트레스 상태에서 벗어나도록 도움을 줄 수 있을 것이다.

각 유형의 화살표—통합과 비통합—에 대한 해설은 2부 유형별 특징을 설명하는 곳에서 자세히 볼 수 있다. 날개 부분에서 이야기하였듯이 같은 유형(예를 들어 두 아이가 모두 2유형)의 아이들이 서로 다른 성향의 모습을 보이는 것을 이해할 수 있는 또 하나의 요인이다.

발달수준

우리는 지금까지 기본유형이 어떤 날개를 가지고 있으며 심리적 상태에 따라 통합과 비통합의 방향으로 이동한다는 것에 대하여 이야기를 나누었다. 이러한 것이 에니어그램의 수평적인 움직임에 대하여 이야기한 것이라면 지금부터 이야기할 것은 하나의 기본유형 안에서 수직적으로 나누어지고 움직이는 발달수준에 대한 것이다. 발달수준은 건강한 수준, 보통 수준, 불건강한 수준으로 나누어진다.

발달수준은 우리 아이의 심리상태가 하루하루 다르고, 하루 안에서도 어떤 순간마다 다르게 나타나는 경우를 설명하고 있다. 예를 들어 3번 날개를 가진 2유형(2W3)의 두 아이가 발달수준에 따라 다를 수 있음을 보여준다. 그리고 당신의 자녀가 학교에 등교할 때와 수업 끝나고 귀가했을 때의 상태가 다를 때를 심심치 않게 경험했을 것이다.

발달수준을 보면서 우리가 확인해야 하는 것은 다음과 같은 두 가지이다. 첫째, 아이의 발달수준에 따라서 건강한 수준, 보통 수준, 불건강한 수준 가운데 어떤 수준의 특징이 나타나는지를 확인한다. 둘째, 아이가 어떠한 모습을 보일 때 건강한 수준에서 보통 수준으로(깨우는 신호), 보통 수준에서 건강하지 않은 수준으로(위험신호) 떨어지는지를 확인한다. 특히 위험신호는 아이가 불건강한 수준으로 떨어지기 전에 나타나는 경고이기 때문에, 부모가 이것을 확인하고 정신을 차리도록 하면 불건강한 수준으로 떨어지도록 하는 행동을 막을 수 있다.

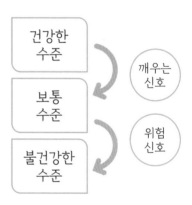

이와 같은 상황들을 알게 되면 아이를 이해하는 데 더욱 도움일 될 것이라고 생각한다. 또한 아이를 대하는 부모 자신의 심리적 상태를 순간적으로 인식하고, 만약 불건강한 수준으로 내려가는 모습이 보이면 부모 스스로 먼저 자신이 상태를 조절하는 데 도움이 될 것이다.

발달수준은 1유형에서부터 9유형까지 모든 유형에서 그림과 같이 수직적으로 건강한 수준, 보통 수준, 불건강한 수준 3단계로 분류할 수 있다.[8] 다시 말하면 1유형에서도 건강한 수준, 보통 수준, 불건강한 수준이 존재하고, 5유형에서도 건강한 수준, 보통 수준, 불건강한 수준이 존재한다.

2부에서 각 성격유형별로 발달수준에 대하여 설명되어 있으니 그 곳에서 이야기 나누는 것으로 한다.

MBTI와 비교

MBTI(Myers-Briggs Type Indicator)는 Jung의 심리유형론을 근거로 이를 보다 쉽게 일상생활에서 활용할 수 있도록 Briggs와 그녀의 딸인 Myers가 연구하여 고안한 성격유형 검사이다. Jung의 심리유형론은 사람들은 각자 다른 모습을 가지고 있지만 몇 가지 공통된 패턴으로 분류할 수 있다는 것을 기본전제로 하고 있다. 이를 기반으로 MBTI는 사람의 성격요인 중에서 에너지의 방향, 정보를 인식하고 판단하는 심리적 기능과 외부세계를 대하는 생활양식과 관련된 것을 4가지 선호지표로 분류해서 설명하고 있다.[9]

---

8) 발달수준을 발견한 리소에 의하면 구체적으로 9개의 수준으로 분류한다.
9) (주)한국MBTI연구소. CATi어린이 및 청소년 성격유형검사 매뉴얼(어세스타:2018), p.8.

16가지 성격유형

ISTJ	ISFJ	INFJ	INTJ
ISTP	ISFP	INFP	INTP
ESTP	ESFP	ENFP	ENTP
ESTJ	ESFJ	ENFJ	ENTJ

이는 외향(E)과 내향(I), 감각(S)과 직관(N), 사고(T)와 감정(F), 판단(J)과 인식(P)으로 서로 반대되는 쌍에서 하나씩 조합을 이루어 ESTJ와 같이 4가지의 선호지표로 구성된 하나의 성격유형을 형성한다. 이러한 조합을 통해서 모두 16가지 성격유형이 만들어지고, 이 중 한 가지 유형이 자신의 유형이 된다.

MBTI의 4가지 선호지표 [10] [11]

오른손잡이와 왼손잡이는 양쪽 손 중에서 각자 자신이 편하게 사용하는 손이 있다. 일을 할 때 사용하기 편한 손으로 해야 효율적으로 그것을 하게 된다. 이와 같이 MBTI 선호지표도 반대되는 2가지 경향 가운데 어떤 것을 선호하는지 알아보는 것이다.

---

10) 김정택, 심혜숙. MBTI 성장프로그램지도자 안내서(어세스타:2017), pp.24-29.
11) (주)한국MBTI연구소. CATi어린이 및 청소년 성격유형검사 매뉴얼(어세스타:2018), pp.14-18.

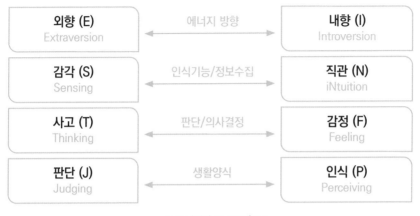

MBTI의 4가지 선호지표

외향 (E) Extraversion	← 에너지 방향 →	내향 (I) Introversion
감각 (S) Sensing	← 인식기능/정보수집 →	직관 (N) iNtuition
사고 (T) Thinking	← 판단/의사결정 →	감정 (F) Feeling
판단 (J) Judging	← 생활양식 →	인식 (P) Perceiving

출처 : (주)한국MBTI연구소

⚙️ 외향(E)-내향(I) 지표

심리적 에너지의 방향이 내부로 향하는지 외부로 향하는지에 따라 결정된다.

☺ **외향(Extraversion)** : 외부에서의 활동을 좋아하고 다른 사람들과 대화를 좋아하고 사교적이다. 친구들을 잘 사귀고 여러 친구들과 어울려 공부하는 것을 선호한다.

☺ **내향(Introversion)** : 외부에서 사람들과 어울리고 나면 피로를 느낀다. 자신만의 공간과 시간을 가지는 것을 좋아한다. 자기 방이나 도서관에서 혼자 조용히 공부하는 것을 선호한다.

⚙ 감각(S)-직관(N) 지표

정보를 수집하고 인식하는 방법에 따라 결정된다.

☺ **감각(Sensing)** : 오감을 통해 현재 일어나고 있는 것들을 인식한다. 순서대로 체계적인 공부방법을 선호하고 구체적이고 정확하게 내주는 과제를 좋아한다.

☺ **직관(iNtuition)** : 오감보다는 육감을 사용한다. 상상력이 풍부하고 숨겨진 이면을 찾으며 미래지향적이다. 나무보다는 숲을 보기 때문에 구체적인 것을 놓치기도 한다.

⚙ 사고(T)-감정(F) 지표

인식한 것을 판단하고 의사결정하는 방법에 따라 구별된다.

☺ **사고(Thinking)** : 논리적이며 객관적으로 판단하고 정의롭고 공평한 기준을 중요하게 여긴다. 그래서 논리적이지 않은 것은 이해하기 어려워한다.

☺ **감정(Feeling)** : 결정하고 판단할 때 사람들과의 관계를 중요하게 여긴다. 그래서 어떤 결정을 다른 사람이 어떻게 보는지가 중요하다. 다른 사람의 마음을 잘 이해하고, 다른 사람에게 인정받는 것을 좋아한다.

⚙ 판단(J)-인식(P) 지표

외부세계에 적응할 때 사용하는 과정, 즉 생활양식을 나타낸다.

☺ **판단(Judging)** : 어느 정도 정보를 모았으면 빨리 결정을 하려고 한다. 일을 계획적이고 순서대로 처리하는 것을 선호한다. 공부를 할 때도 미리 계획을 세우고 마무리를 하고 쉬는 것을 편하게 생각한다.

☺ **인식(Perceiving)** : 외부의 정보를 가급적 많이 받아들이려는 경향이 있다. 새로운 것에 호기심이 많고 적응하는 능력이 뛰어나다. 일을 미리 준비하지 않고 천천히 그때그때 상황에 맞게 처리하는 것을 선호한다.

 MBTI와 에니어그램의 비교

☺ MBTI검사지 문항은 둘 중 하나를 선택하는 양자택일 방식이고, 에니어그램검사지 문항은 일반적으로 많이 사용하는 리커트 5점 척도를 사용하고 있다.

☺ MBTI는 행동 자체에 초점이 맞추어져 있고, 선호하는 경향을 강조하는 반면 에니어그램은 내면의 동기에 초점이 맞추어져 있고 기본적인 두려움과 집착을 강조한다.

☺ MBTI는 일반적인 상황에 반응할 때 자신이 선호하는 성격유형을 찾을 수 있고, 에니어그램은 위기상황에서 어떻게 반응하는 가에 따라 유형을 찾을 수 있다.

☺ MBTI의 역동은 주기능, 부기능, 3차기능, 열등기능이 위계를 가지고

나타난다. 반면 에니어그램의 역동은 날개, 통합과 비통합, 발달수준을 통해서 나타난다.

☺ MBTI와 에니어그램은 모두 성격유형은 변하지 않는다고 한다. 다만 검사받는 상황이나 환경에 따라 다르게 나타날 수는 있다고 본다.

우리아이 성격유형 찾는 방법

이제 자녀의 성격유형을 찾아보도록 한다. 다음 문항[12]을 읽고 자녀의 평소 모습과 유사한 내용의 체크박스에 표시한다. A~I의 내용을 다 확인하고 나면 자녀의 성격유형을 알 수 있을 것이다.

⚙ A형

우리 아이는

☐ 학급에서 중요한 역할을 맡는 것을 좋아한다.

☐ 다른 사람들에게 주목 받는 것을 좋아한다.

☐ 어떤 상황에 빠르게 적응한다.

☐ 스스로 더 성장하기 위해서 기꺼이 시간을 투자한다.

☐ 다른 사람들에게 능력을 인정받는 것을 중요시한다.

☐ 친구들보다 뛰어나기 위해 더 노력한다.

---

12) 『김지연 심리상담코칭연구소』의 에니어그램 성격유형검사를 토대로 수정 · 보완.

⚙️ B형

우리 아이는

☐ 행동이 느긋하고 여유롭다.

☐ 화가 나도 겉으로 쉽게 표현하지 않는다.

☐ 문제가 생겨도 침착함을 유지한다.

☐ 복잡한 생활보다는 단순한 생활을 선호한다.

☐ 싸움이나 갈등상황을 불편해 한다.

☐ 자신의 의견을 주장하기보다는 친구의 의견을 들어주는 편이다.

⚙️ C형

우리 아이는

☐ 친한 친구를 위해 소중한 것을 줄 수 있다.

☐ 때로는 걱정 때문에 잠을 설친다.

☐ 일을 할 때 신중하게 고민을 많이 한다.

☐ 자신이 속한 곳에서는 책임감 있게 일을 처리한다.

☐ 무슨 일이 있어도 약속을 지키려고 한다.

☐ 주변 사람들에게 믿음직하다는 말을 듣는다.

⚙ D형

우리 아이는

☐ 빈틈이 있는 것을 참지 못하고 완벽을 추구한다.

☐ 도덕적으로 사는 것을 중요시한다.

☐ 상대의 의견이 틀린 것을 잘 받아들이지 못한다.

☐ 목표가 명확하고 그것을 성취하기 위하여 진지한 자세로 한다.

☐ 글을 쓸 때 맞춤법이나 형식을 중요하게 생각한다.

☐ 옳고그름이 분명한 편이다.

⚙ E형

우리 아이는

☐ 자신만의 색깔을 가지고 있다.

☐ 유행보다는 자신의 감각을 따른다.

☐ 다양한 표정과 풍부한 감정을 가지고 있다.

☐ 자신이 좋아하는 일에 빠지면 시간가는 줄 모른다.

☐ 친구가 고민을 말하면 마음 깊이 공감해준다.

☐ 다른 사람이 자기와 똑같은 물건을 가지고 있으면 불쾌해 한다.

⚙ F형

우리 아이는

☐ 주변 사람들에게 나눠주는 것을 좋아한다.

☐ 친구를 도와줘서 일이 잘되면 행복해 한다.

☐ 다른 사람들에게 사랑받는 것을 행복해 한다.

☐ 다른 사람들을 칭찬하는 것을 잘한다.

☐ 친구들과 함께하는 것을 좋아한다.

☐ 주변에서 배려를 잘한다는 말을 듣는다.

⚙ G형

우리 아이는

☐ 강하고 자신감이 넘친다,

☐ 친구들 사이에서 카리스마가 있다.

☐ 상황에 따라 감정이나 행동이 과격해지기도 한다.

☐ 리더십이 강하다.

☐ 솔직하고 단호하다.

☐ 남들이 자신을 비난하거나 괴롭히면 참지 못한다.

⚙ H형

우리 아이는

☐ 혼자 있는 것을 좋아한다.

☐ 조용한 성격이고 낯선 자리에 가는 것을 불편해 한다.

☐ 객관적인 입장에서 생각하는 것을 좋아한다.

☐ 무엇이든 논리적으로 분석하는 편이다.

☐ 고민을 친구들과 의논하기보다는 혼자서 해결한다.

☐ 공부할 때 집중해서 하는 편이다.

⚙ I형

우리 아이는

☐ 재미없는 일을 끝까지 하는 것을 힘들어 한다.

☐ 호기심이 많다.

☐ 사람들을 만나는 것을 좋아한다.

☐ 항상 아이디어가 넘쳐난다.

☐ 처음 하는 일도 빨리 배운다.

☐ 친구들 사이에서 분위기 메이커 역할을 한다.

A형~I형까지의 체크박스에 표시한 것을 세어서 다음 표에 개수를 기록한다. 제일 높은 수가 나온 것 옆에 자녀의 기본 성격유형이 표시되어 있다. 만약 같은 개수가 2개 이상 나왔다면 체크박스 내용을 다시 읽어보고 자녀의 평소 모습과 가장 가까운 것을 선택하면 된다. 그리고 기본유형 양옆에 유형 중에서 높은 수가 주된 날개가 된다.

검사지 순서	체크된 개수	성격유형
A		3유형
B		9유형
C		6유형
D		1유형
E		4유형
F		2유형
G		8유형
H		5유형
I		7유형

예를 들면

검사지 순서	체크된 개수	성격유형
A	3	3유형
B	2	9유형
C	5	6유형
D	4	1유형
E	4	4유형
F	2	2유형
G	1	8유형
H	2	5유형
I	4	7유형

이 경우에는 C형이 체크된 개수가 5개로 가장 높기 때문에 기본유형은 6유형이다. 그리고 6유형 양옆에 5유형과 7유형을 보면 5유형은 2개 7유형은 4개이기 때문에 주된 날개는 7유형이 된다. 그래서 이 경우는 6유형을 기본유형으로 가지고 날개가 7유형인 아이다.

여러분은 이제 자녀의 기본유형을 알게 되었을 것이다. 그러나 주의해야 할 것은 지나치게 하나의 유형으로 단정하기보다는 그 유형에 해당되는 성향이 강한 것으로 이해하는 것이 좋다. 성장한 이후에 다시 검사하면 다른 유형으로 나올 수도 있다.

이제부터 자녀의 유형에 맞는 성격특징들과 학습특징을 알아보게 될 것이다. 만약에 조금 더 정밀하게 검사을 받고 상담을 원하는 경우 다음 안내하는 곳으로 문의하면 될 것이다.

● 에니어그램 검사 및 상담을 받을 수 있는 곳 ●

(주) 파로스학습코칭 (www.pharoscnc.co.kr)

PART 2

유형별 우리 아이
생활태도 알아보기

2부에서는
각 유형의 아이들이 생활할 때 나타나는 특징을 이야기한다.
그리고 상황에 따라서
다른 유형의 영향을 받는 역동에 대하여 이야기한다.
우리 모두에게는 자기 유형의 성격만 나타나는 것이 아니다.
때로는 날개, 화살표의 방향(통합과 비통합),
발달수준의 영향을 받는다.
각 유형을 읽다가 내용이 잘 이해가 안 가면
참조할 페이지를 적어 놓았으니
돌아가서 확인하면 된다.
마지막으로는 부모가 자녀를 대할 때
어떤 전략을 사용하는 것이 효율적인가를 이야기한다.

2유형의 아이

 ### 2유형 아이의 특징

2유형인 지호는 학교에서 돌아와서 간식을 먹으면서 엄마에게 학교에서 있었던 일들을 이야기하고 있었다. 오늘 학교에서 친구가 지각을 해서 선생님이 지각한 친구에게 "이번 시간 끝나고 쉬는 시간에 칠판 주변을 깨끗하게 정리해 놓아라."하고 말씀하셨다고 한다. 그런데 친구가 혼자서 정리하는 것을 보고 옆으로 가서 지호가 도와줘서 빨리 끝낼 수 있었다고 한다. 그런데 점심시간에 지호가 사물함에서 책을 여러 권 들고 오는데 책이 너무 많아서 위에 얹힌 책이 한 권 떨어졌다고 한다. 아까 지각한 친구가 보고 있었는데도 모르는 척 하더란다. 지호는 "나는 아까 칠판 정리하는 것도 도와줬는데 내가 이렇게 무겁게 책을 옮기는 것을 보면 좀 도와줘야 하는 것 아냐!", "그 친구는 정말 고마워할 줄도 모르고 자기만 아는 아이야!" 하면서 도움을 주었던 친구에게 대한 섭섭한 마음에 화가 나서 엄마에게 이야기하면서 기분을 풀고 있었다.

2유형 아이의 강점과 약점	
강점	약점
힘든 사람을 잘 도와줌	마음의 상처를 잘 받음
상냥하고 친절함	거절을 잘 못함
예의바름	질투
친구에게 잘 베푼다	다른 사람의 반응 의식
마음이 따뜻하다	부탁을 잘 못함
지지와 격려를 잘함	다른 사람을 통제하려고 함

강점   2유형 아이의 강점은 항상 남을 배려하고 주변에 어려운 상황에 있는 친구들이 있으면 본능적으로 알아차리고 바로 가서 도와주는 데 있다. 집에서도 설거지나 집안 청소 같은 일을 엄마를 위해

서 조용히 도와주기도 한다. 그리고 어른들이나 친구들에게 항상 예의 바르고 상냥한 말투로 이야기하고 칭찬과 격려의 말을 아끼지 않는다.

 약점

2유형 아이의 약점은 때로는 자기가 도와준 것에 대하여 친구가 그것을 알아주고 고마움의 표시를 하기를 바라는 마음이 있다. 그러나 정작 본인이 어려운 일이 생겼을 때는 주변에 도와달라고 부탁하는 것을 어려워하는 경향이 있다. 이들은 친구가 무슨 일이 생겼는지 관심이 많고, 때로는 관심이 지나쳐서 친구를 통제하려고 하고 잔소리가 많기도 하다.

2유형의 날개(p. 41 참고)

2유형의 아이는 양 옆에 있는 1번과 3번 중 하나를 날개로 가지고 있다. 1번과 3번 모두를 날개로 가지고 있는 아이도 있지만, 대부분의 아이들은 둘 중에 하나를 주된 날개로 가지고 있다.

1번 날개를 가지고 있는 2유형 (2W1)의 아이는 '봉사자'로 불린다. 이들은 친절하게 어려움을 겪는 친구들을 도와주고 주변에 봉사하는 것을 좋아한다. 그러나 때로는 자신에게 지나치게 엄격하여 스스로를 비판하는 경우도 있다.

3번 날개를 가지고 있는 2유형(2W3)의 아이는 '주인' 또는 '안주인'으로 불린다. 이들은 매력이 있고 사교성이 좋아서 친구들이나 주변과 잘 어울리고 적응해 나간다. 이들은 때로는 지나치게 친절하기도 하며, 주변에 베풀어 준 것에 대하여 인정을 받고 싶어 하는 경향이 있다.

2유형의 화살표 방향 : 통합과 비통합(43쪽 참고)

2유형 아이의 화살표는 스트레스 상황일 때는 비통합의 방향인 8유형의 부정적인 모습을, 안정된 상황일 때는 통합의 방향인 4유형의 긍정적인 모습을 보인다.

☺ **비통합 방향** : 2유형의 아이는 스트레스 증가하는 상황일 때는 자신도 모르게 비통합의 방향인 8유형의 부정적인 면이 나타나서 공격적이고 자기가 주변을 마음대로 통제하려고 하는 모습이 나타난다.

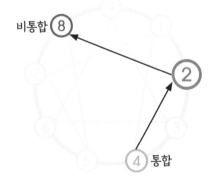

☺ **통합 방향** : 2유형의 아이가 안정적이고 스스로 성장하고자 할 때는 통합의 방향인 건강한 4유형처럼 자신의 내면의 감정을 알아차리고 자존감이 높아진다.

부모는 2유형 아이의 모습을 잘 관찰해서 비통합 방향인 8유형의 부정적인 모습이 보이면 스트레스가 증가하는 상태로 파악을 하고 좀 더 아이를 이해하도록 노력하면서 안정된 통합의 방향인 4유형의 강점을 살릴 수 있도록 도와준다.

2유형의 발달수준(45쪽 참고)

발달수준은 2유형 안에서 수직적으로 건강한 수준, 보통 수준, 불건강한 수준으로 나누어진다. 여기서는 첫째 현재 아이가 어떤 수준에 머물러 있고, 둘째 아이의 수준이 떨어지는 상태를 확인하는 방법을 알아보기로 한다. 대부분은 평상시에 보통 수준에 머물러 있지만, 때로는 짧게는 하루에도 높고 낮은 수준을 올라갔다 내려갔다 하기도 한다.

첫 번째, 2유형 아이의 수준별 특징을 아래에 간단하게 몇 개의 단어로 표시하였다.

2유형 아이의 수준별 특징	
건강한 수준	조건 없는 사랑, 배려, 돌보기
보통 수준	사람을 기쁘게 하기, 소유욕, 오만
불건강한 수준	자기기만, 강박적 사랑, 희생당했다고 느낌

아이가 건강한 수준일 때에는 가족이나 친구들에게 조건 없는 사랑을 베푼다. 따뜻한 마음으로 친구나 동생을 배려하고 돌보는 모습을 보인다. 보통 수준일 때에는 다른 사람을 기쁘게 하는 반면 반대급부를 받기를 원하고, 다른 사람의 것을 갖고 싶어하는 마음이 있다.

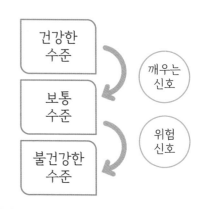

불건강할 때에는 가족이나 친구들 때문에 자신이 힘들다는 것을 강요한다. 화를 자주 내고 식탐이 생기기도 한다.

두 번째, 아이의 심리 상태가 아래 수준으로 내려가는 것을 알아차리게 하는 신호는 다음과 같다.

☺ **깨우는 신호** : 건강한 수준에서 보통 수준으로 내려갈 때 나타나는 신호로서, 아이가 다른 사람의 마음을 얻기 위해 지나친 호의를 보이거나 아첨하는 모습을 보인다.

☺ **위험 신호** : 보통 수준에서 불건강한 수준으로 내려갈 때 나타나는 신호로서, 아이가 친구와 가까워지려고 노력한 행동이 오히려 친한 친구

와 같이 소중한 사람을 쫓아 버릴지도 모른다는 두려움에 빠지는 모습을 보인다.

2
유형

2유형 아이의 이런 모습을 확인했을 때 부모는 아이의 심리상태에서 나타나는 행동을 이해할 수 있게 되고, 특히 위험 신호는 아이의 상태가 불건강한 수준으로 더 나빠지는 것을 미연에 방지할 수 있는 하나의 알림으로 활용하면 도움이 될 것이다.

2유형 아이를 대할 때 도움이 되는 전략[1]

☺ 아이를 난처하게 만들지 않는다.

☺ 아이가 창피함을 느끼는 것을 두려워한다.

☺ 아이에게 도움을 받으면 반드시 고마운 마음을 표시한다.

☺ 아이 자신의 생각이나 결과물을 친구나 다른 사람들에게 용기를 내어 보여 줄 수 있도록 격려한다.

☺ 아이 스스로 자신에게 필요한 것과 욕구에 대하여 자세히 알도록 도와준다.

☺ 아이를 대할 때 친한 친구나 가족처럼 친밀하게 대한다.

1) 윤운성. 에니어그램 적용(한국에니어그램교육연구소:2019). pp.55-63.

2유형이 연상되는 속담과 격언

'웃는 얼굴에 침 못 뱉는다.'
'제 귀여움 제가 받는다.'
'친구 따라 강남 간다.'

3유형의 아이

3유형 아이의 특징

　정현이는 지난번 시험에서 수학과목을 망쳐서 이번 시험에는 수학만큼은 꼭 100점 만점을 받기로 결심했다. 평소에도 열심히 공부하지만 이번 더욱 더 열심히 노력하였다. 시험을 보고 성적이 나왔는데 선생님이 "정현이가 우리 반에서 유일하게 수학 100점을 맞았어요. 자~ 다 같이 박수로 축하해줍시다."

　정현이는 선생님이 친구들 앞에서 칭찬을 해주시니 너무 기분이 좋았고 우쭐했다. 그런데 영어과목은 1등을 하지 못했다. 정현이는 너무 속이 상해서 바로 다음 시험에서 영어도 1등을 해야겠다고 마음속으로 굳게 다짐하였다.

3유형 아이의 강점과 약점

강점	약점
성공에 대한 욕구가 강함	지나치게 경쟁적
능력자	허영심
사교적이고 활동적	정직하지 못할 때가 있음
목표지향적	기회주의적
멋있고 세련됨	유행에 민감
효율적	감정표현에 인식

강점　3유형 아이의 강점은 책임감이 높고 좋은 결과를 만들기 위해서 최선을 다하여 결국에는 그것을 이루어내는 매우 유능한 아이다. 또한 뛰어난 능력을 가지고 효율적으로 공부나 주어진 일을 처리하는 장점이 있다. 그러한 결과로 주변에서 능력을 인정받고 스스로도 그것을 즐긴다. 친구 관계에서는 주변에서 호감을 많이 느끼고 사교성도 좋고 매력적인 모습을 보인다.

약점 3유형 아이의 약점은 능력있는 아이로 보이기 위해 자신의 능력이나 경험을 속이기도 한다. 그리고 지나친 경쟁의식으로 시험이나 경쟁에서 좋은 결과를 얻기 위하여 편법이나 기회주의적인 모습을 보이기도 한다. 또한 친구를 사귈 때에도 친구의 능력과 외적인 것을 판단기준으로 삼기도 한다.

 3유형의 날개(p. 41 참고)

3유형의 아이는 양 옆에 있는 2번과 4번 중 하나를 날개로 가지고 있다. 2번과 4번 모두를 날개로 가지고 있는 아이도 있지만, 대부분의 아이들은 둘 중에 하나를 주된 날개로 가지고 있다.

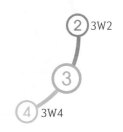

2번 날개를 가지고 있는 3유형(3W2)의 아이는 '매력적인 사람'으로 불린다. 이들은 친구들에게 따뜻하고 매력적인 모습을 보인다. 그러나 친구들이 자신을 어떻게 생각하는가에 관심이 많고 그들이 자신을 좋아하기를 원한다.

4번 날개를 가지고 있는 3유형(3W4)의 아이는 '전문가'로 불린다. 이들은 공부나 자신에게 주어진 과제에 대하여 성공적으로 이루어 내고 인정받고 싶어 한다. 또한 이들은 4번의 영향으로 감수성도 매우 풍부하다. 그러나 때로는 거만하고 과시적이기도 하고, 실수를 한 자기 자신에 대하여 지나친 비난을 하기도 한다.

3유형의 화살표 방향 : 통합과 비통합(43쪽 참고)

3유형 아이의 화살표는 스트레스 상황일 때는 비통합의 방향인 9유형의 부정적인 모습을, 안정된 상황일 때는 통합의 방향인 6유형의 긍정적인 모습을 보인다.

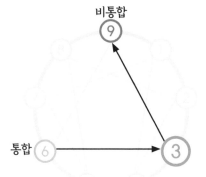

☺ **비통합 방향** : 3유형의 아이가

스트레스 증가하는 상황에서는 아이는 자신도 모르게 비통합의 방향인 9유형의 부정적인 면이 나타나서 어떤 상황에 대하여 변명이 늘고 주변에서 발생하는 일들에 무관심하게 반응하지 않는 모습을 보인다.

☺ **통합 방향** : 3유형의 아이가 안정적이고 스스로 성장하고자 할 때는 통합의 방향인 건강한 6유형처럼 친구들과 같이 잘 협력하면서 모임이나 조직에 충실한 모습을 보인다.

부모는 3유형 아이의 모습을 잘 관찰해서 비통합 방향인 9유형의 부정적인 모습이 보이면 스트레스가 증가하는 상태로 파악하고 좀 더 아이를 이해하도록 노력하면서 안정된 통합의 방향인 6유형의 강점을 살릴 수 있도록 도와준다.

3유형의 발달수준(45쪽 참고)

발달수준은 3유형 안에서 수직적으로 건강한 수준, 보통 수준, 불건강한 수준으로 나누어진다. 여기서는 첫째 현재 아이가 어떤 수준에 머물러 있으며, 둘째 아이의 수준이 떨어지는 상태를 확인하는 방법을 알아보기로 한다.

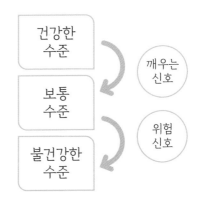

대부분은 평상시에는 보통 수준에 머물러 있지만, 때로는 짧게는 하루에도 높고 낮은 수준을 올라갔다 내려갔다 하기도 한다.

첫 번째, 3유형 아이의 수준별 특징을 아래에 간단하게 몇 개의 단어로 표시하였다.

3유형 아이의 수준별 특징	
건강한 수준	진실한 사람, 스스로에게 적응하는, 자신감 있고 모범적
보통 수준	성공지향적, 타인과의 경쟁, 자신의 이미지 의식, 자기 과장적
불건강한 수준	원칙 없는, 기회주의적, 적대감

아이가 건강한 수준일 때에는 스스로에게 진실되고 자신의 한계를 인정하고 모범적인 모습을 보인다. 보통 수준일 때에는 뛰어난 능력으로 목적한 바를 이루어내고, 친구들이나 선생님에게 어떤 이미지로 보여지는지 관심이 많아진다. 스스로의 능력에 대해 과장해서 생각한다.

불건강한 수준일 때에는 원칙이 없고 목적을 달성하기 위해서 수단과 방법을 가리지 않을 수 있다. 거짓말도 늘고 친구들에게 적대적일 수 있다.

두 번째, 아이의 심리 상태가 아래 수준으로 내려가는 것을 알아차리게 하는 신호는 다음과 같다.

☺ **깨우는 신호** : 건강한 수준에서 보통 수준으로 내려갈 때 나타나는 신호로서, 아이가 성공에 대한 결과를 얻기 위해 자신을 몰아붙이는 모습을 보인다.

☺ **위험 신호** : 보통 수준에서 불건강한 수준으로 내려갈 때 나타나는 신호로서, 아이 자신이 실패할지 모른다는 두려움과 자신이 주장했던 것이 거짓이라는 두려움에 빠지는 모습을 보인다.

3유형 아이의 이런 모습을 확인했을 때 부모는 아이의 심리상태에서 나타나는 행동을 이해할 수 있게 되고, 특히 위험 신호는 아이의 상태가 불건강한 수준으로 더 나빠지는 것을 미연에 방지할 수 있는 하나의 알림으로 활용하면 도움이 될 것이다.

3유형 아이를 대할 때 도움이 되는 전략[2]

☺ 아이하고 어떤 일을 같이 하려 할 때는 미리 약속을 한다.

☺ 조언할 때 아이의 체면이 상하지 않는 방법으로 한다.

☺ 아이가 항상 최고가 되지 못한다 하더라도 아이를 사랑하고 있다는 것을 알려준다.

☺ 아이가 이루어낸 성공과 성취물에 대하여 칭찬하고 인정해 준다.

☺ 아이가 공부하는 중에 간섭하지 않는다.

---

2) 윤운성. 에니어그램 적용(한국에니어그램교육연구소:2019). pp.55-63.

3유형이 연상되는 속담과 격언

'모로 가도 서울만 가면 된다.'
'시간은 금이다.'
'강한 자가 이기는 것이 아니라
이긴 자가 강한 것이다.'

4유형의 아이

4유형 아이의 특징

혜선이는 학교 수업이 끝나고 친구와 같이 학원에 가는 중이었다. 혜선이가 친구에게 "너 오늘이 생일이지? 작년 오늘이 기억이 나네. 진심으로 생일 축하해!"라고 말하니까 친구가 놀란 표정으로 "어쩜! 어떻게 그걸 기억하고 있었어. 아무도 모르는 줄 알았는데 고마워~."하고 이야기하면서 학원으로 갔다. 학원 앞에 거의 다와 가는데 갑자기 이슬비가 내리기 시작했다. 혜선이는 뜬금없이 친구에게 "너 먼저 학원에 들어가! 나는 빗소리가 너무 슬퍼서 좀 더 있다가 들어갈게."라고 말하고 다른 곳으로 가버린다.

4유형 아이의 강점과 약점	
강점	약점
창조적인	자신감 부족
섬세하고 예민함	사소한 것에 과민반응
감수성과 상상력이 풍부	시기와 질투
예술적 감각이 좋음	우울함
힘든 사람이나 동물에 관심	변덕스러움
친구의 마음을 잘 알아차림	단조로운 것 실증

강점 4유형 아이의 강점은 아주 섬세해서 주변의 아주 미세한 변화도 잘 느낀다. 그리고 감성이 풍부해서 친구의 마음을 잘 이해하고 잘 공감한다. 그리고 이들만의 뛰어난 상상력과 창조적인 능력이 커다란 강점이다. 그래서 이들은 음악이나 미술 등의 예술적 분야에 관심이 많고 두각을 나타내기도 한다.

약점 4유형 아이의 약점은 자신은 친구들과는 다른 특별한 아이라고 생각하는 태도로 인해 친구들에게 상처를 주기도 한다. 그리고 친구들과 비교해서 그들의 장점을 발견하면 친한 친구사이일지라고 시기와 질투를 하기도 한다. 때로는 감정의 변화가 심해서 즐거워하다가 갑자기 우울해지는 모습을 보기기 때문에 주변에서 당황스러워할 때도 있다.

4유형의 날개 (p. 41 참고)

4유형의 아이는 양 옆에 있는 3번과 5번 중 하나를 날개로 가지고 있다. 3번과 5번 모두를 날개로 가지고 있는 아이도 있지만, 대부분의 아이들은 둘 중에 하나를 주된 날개로 가지고 있다.

3번 날개를 가지고 있는 4유형(4W3)의 아이는 '귀족'으로 불린다. 이들은 세련되고 문화적이며, 자기 자신은 친구들보다 뛰어난 아이로 보여지기를 바란다. 그리고 자기가 목표한 것을 이루고자 하는 의지가 강하고, 그 결과에 대하여 주변 사람들에게 인정받기를 원한다. 다른 사람에게 비춰지는 자신의 이미지를 중요하게 생각한다. 때로는 경쟁적이고 다른 친구들을 무시하는 모습이 보이기도 한다.

5번 날개를 가지고 있는 4유형(4W5)의 아이는 '보헤미안'으로 불린다. 이들은 독창적이면서 다른 유형의 아이들보다 매우 창의적이다. 또한 이들은 내성적이고 친구들과의 관계보다는 스스로 만들어 놓은 자신만의 상상의 세계에 더 관심이 있다. 때로는 친구들과의 관계를 멀리하고 혼자만의 공간에서 우울한 감정에 빠질 수 있다.

4유형의 화살표 방향 : 통합과 비통합(43쪽 참고)

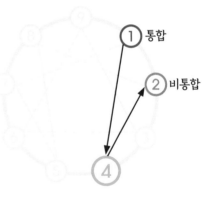

4유형 아이의 화살표는 스트레스 상황일 때는 비통합의 방향인 2유형의 부정적인 모습을, 안정된 상황일 때는 통합의 방향인 1유형의 긍정적인 모습을 보인다.

☺ **비통합 방향** : 4유형의 아이는 스트레스 증가하는 상황일 때는 자신도 모르게 비통합의 방향인 2유형의 부정적인 면이 나타나서 주변의 가족이나 친구들의 일에 지나치게 집착하고 간섭하려는 모습을 보인다.

☺ **통합 방향** : 4유형의 아이가 안정적이고 스스로 성장하고자 할 때는 통합의 방향인 건강한 1유형의 아이처럼 학교나 가정에서 정해진 규칙이

나 원칙을 잘 따르려고 하는 모습을 보인다.

부모는 4유형 아이의 모습을 잘 관찰해서 비통합 방향인 2유형의 부정적인 모습이 보이면 스트레스가 증가하는 상태로 파악하고 좀 더 아이를 이해하도록 노력하면서 안정된 통합의 방향인 1유형의 강점을 살릴 수 있도록 도와준다.

4
유형

4유형의 발달수준(45쪽 참고)

발달수준은 4유형 안에서 수직적으로 건강한 수준, 보통 수준, 불건강한 수준으로 나누어진다. 여기서는 첫째 현재 아이가 어떤 수준에 머물러 있고, 둘째 아이의 수준이 떨어지는 상태를 확인하는 방법을 알아보기로 한다.

대부분은 평상시에 보통 수준에 머물러 있지만, 때로는 짧게는 하루에도 높고 낮은 수준을 올라갔다 내려갔다 하기도 한다.

첫 번째, 4유형 아이의 수준별 특징을 아래에 간단하게 몇 개의 단어로 표시하였다.

4유형 아이의 수준별 특징	
건강한 수준	자신의 생활을 향상하는, 자신에 대하여 잘 인식하는, 창의적인
보통 수준	자신만의 상상력, 자기도취적, 변덕스러움, 자기 멋대로 하는
불건강한 수준	소외되고 우울한, 자기증오, 자기파괴

아이가 건강한 수준일 때에는 자신에 대하여 잘 인식하며 자신의 감정에 솔직하다. 영감이 뛰어나서 창의적인 사고를 아주 잘 한다. 보통 수준일 때에는 자신만의 상상력을 통하여 자신은 다른 사람과는 다르다는 자기도취에 빠지기 쉽다. 개인주의적인 성향 때문에 변덕스럽고 자기 마음대로 하는 모습도 있다.

불건강한 수준일 때에는 친구들과 점점 멀어지면서 소외되고 우울한 감정이 강해진다. 스스로를 미워하고 자기 파괴적인 모습을 보인다.

두 번째, 아이의 심리 상태가 아래 수준으로 내려가는 것을 알아차리게 하는 신호는 다음과 같다.

☺ **깨우는 신호** : 건강한 수준에서 보통 수준으로 내려갈 때 나타나는 신호로서, 아이가 상상을 통해서 자신만의 감정을 크게 만드는 경향을 보인다. 예를 들면, 점점 습관적으로 일등을 하는 상상을 하면서 지낸다.

☺ **위험 신호** : 보통 수준에서 불건강한 수준으로 내려갈 때 나타나는 신호로서, 아이가 상상만 하다가 기회를 놓치고 생활이 망가지면서 더욱 집착하는 모습을 보인다.

4유형 아이의 이런 모습을 확인했을 때 부모는 아이의 심리상태에서 나타나는 행동을 이해할 수 있게 되고, 특히 위험 신호는 아이의 상태가 불건강한 수준으로 더 나빠지는 것을 미연에 방지할 수 있는 하나의 알림으로 활용하면 도움이 될 것이다.

4유형 아이를 대할 때 도움이 되는 전략3)

☺ 아이에게 비난을 할 때는 너무 가혹하게 하지 않는다. 이때 아이는 무엇보다도 스스로 부족하고 가치가 없다고 느낀다는 것을 알아두자.

☺ 아이를 사랑한다는 사실을 자주 표현한다.

☺ 아이의 독특한 심오함과 통찰력을 존중한다.

☺ 아이에게 친구들과 사교적으로 지내라고 강요하지 않는다.

☺ 아이를 도와주려고 하기보다는 마음으로 공감한다.

---

3) 윤운성. 에니어그램 적용(한국에니어그램교육연구소:2019). pp.55-63.

4유형이 연상되는 속담과 격언

'보기 좋은 떡이 먹기도 좋다.'
'평양감사도 저 싫으면 그만이다.'
'천상천하 유아독존'

5유형의 아이

 ## 5유형 아이의 특징

저녁에 식구들이 모두 모여 피자를 먹고 있었다. 아빠, 엄마, 동생 모두 맛있게 피자를 먹고 있었는데 승태가 갑자기 질문을 한다. "어떻게 만들어야 피자가 맛있을까요?", "반죽은 어떻게 하고, 어떤 온도에 구워야 해요?", "피자는 왜 동그랗죠?". 아빠는 "맛있으면 맛있게 먹으면 되지. 왜 그런 게

궁금해?"하고 말했다. 그러나 승태는 "궁금해서 좀 알아봐야겠어요. 제 것 가지고 방에 들어가서 검색하면서 먹을게요."하고 방으로 들어가서 인터넷으로 왜 그런지 검색하면서 먹는다. 승태는 이렇게 혼자서 보내는 시간이 참 편안하고 좋다.

5유형 아이의 강점과 약점	
강점	약점
지적 호기심이 많다	주변 시선이 집중되면 불편
독서를 좋아함	사교성 부족
객관적 관찰력과 통찰력	혼자 있는 것을 좋아함
논리적	실천력 부족
관심분야에 집중	말과 감정표현이 적다
전문가 수준의 지식	지적으로 교만

 강점 　5유형 아이의 강점은 논리적이며 분석적이고 지적 호기심이 매우 많은 데 있다. 그래서 수학같이 원리는 탐구하는 과목을 선호하고, 궁금한 것은 매우 깊이 있게 파고 들어가면서 학습한다. 그리고 미리 준비하고 심사숙고한 후에 가장 효율적인 방법을 찾으려고 노력한다.

약점 　5유형 아이의 약점은 스스로 노력해서 얻은 정보나 지식을 친구들과 공유하려고 하지 않는다. 그리고 자신이 친구들 보다 지적으로 뛰어난 사람이라고 생각하는 교만함이 있다. 또한 혼자 몰입하고 공부하고 하면서 스스로 만족하지 못해서 특정한 과제인 경우에는 필요 이상으로 준비만 하고 발표나 행동으로 실천하지 못하고 머뭇거릴 때가 있다. 때로는 친구들과 어울리지 못하고 자꾸 혼자만의 공간으로 들어가기도 한다.

5유형의 날개(p. 41 참고)

5유형의 아이는 양 옆에 있는 4번과 6번 중 하나를 날개로 가지고 있다. 4번과 6번 모두를 날개로 가지고 있는 아이도 있지만, 대부분의 아이들은 둘 중에 하나를 주된 날개로 가지고 있다.

5W6 ⑥

⑤ ④

5W4

4번 날개를 가지고 있는 5유형(5W4)의 아이는 '인습 타파주의자'로 불린다. 이들은 분석적인 모습보다는 상상력을 더 많이 사용하며 예술적이고 창조적인 성향을 보인다. 또한 이들은 내성적이고 독립적이며 은둔적인 경향이 있어서 자신만의 공간을 선호하기도 한다. 때로는 학교에서 팀 과제 같은 것을 진행할 때 어려움을 느끼기도 한다.

6번 날개를 가지고 있는 5유형(5W6)의 아이는 '문제해결자'로 불린다. 이들은 과학이나 수학에 흥미를 느끼고 매우 지적이다. 좀 더 외향적인 모습을 보이면서 주변을 세밀하게 탐구하고 관찰한다. 때로는 어떤 상황이나 사람에 대하여 의심을 많이 하며 자신과 다른 의견을 가진 사람에게 공격적일 수 있다.

5유형의 화살표 방향 : 통합과 비통합^(43쪽 참고)

5유형 아이의 화살표는 스트레스 상황일 때는 비통합의 방향인 7유형의 부정적인 모습을, 안정된 상황일 때는 통합의 방향인 8유형의 긍정적인 모습을 보인다.

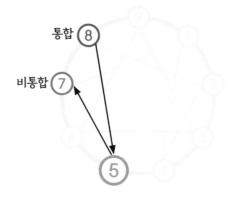

☺ **비통합 방향** : 5유형의 아이가 스트레스 증가하는 상황에서는 아이는 자신도 모르게 비통합의 방향인 7유형의 부정적인 면이 나타나서 어떤 하나에 집중하지 못하고 계속 새로운 것을 찾는 산만한 모습을 보인다.

☺ **통합 방향** : 5유형의 아이가 안정적이고 스스로 성장하고자 할 때는 통합의 방향인 건강한 8유형처럼 일상에서 매사에 자신감을 가지고 결단

력 있게 추진하는 모습을 보인다.

부모는 5유형 아이의 모습을 잘 관찰해서 비통합 방향인 7유형의 부정적인 모습이 보이면 스트레스가 증가하는 상태로 파악을 하고 좀 더 아이를 이해하도록 노력하면서 안정된 통합의 방향인 8유형의 강점을 살릴 수 있도록 도와준다.

5유형의 발달수준(45쪽 참고)

발달수준은 5유형 안에서 수직적으로 건강한 수준, 보통 수준, 불건강한 수준으로 나누어진다. 여기서는 첫째 현재 아이가 어떤 수준에 머물러 있고, 둘째 아이의 수준이 떨어지는 상태를 확인하는 방법을 알아보기로 한다. 대부분은 평상시에 보통 수준에 머물러 있지만, 때로는 짧게는 하루에도 높고 낮은 수준을 올라갔다 내려갔다 하기도 한다.

첫 번째, 5유형 아이의 수준별 특징을 아래에 간단하게 몇 개의 단어로 표시하였다.

5유형 아이의 수준별 특징	
건강한 수준	적극적 참여, 집중력이 있는, 관찰력과 지각력이 있는
보통 수준	자기만의 공간, 사색적, 극단적이고 도발적, 논쟁적
불건강한 수준	고립된, 허무주의, 자기파괴

아이가 건강한 수준일 때에는 호기심이 많고 매우 뛰어난 집중력을 가지고 관찰한다. 지각하는 능력이 뛰어나고 새로운 것을 창조한다. 보통 수준일 때에는 생각이 많고 깊이 있게 학습한다. 자기만의 생각에 빠져서 극단적인 의견을 가지고 친구들과 논쟁하기도 한다.

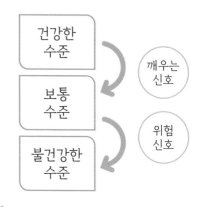

불건강한 수준일 때에는 친구들로부터 스스로 고립되고, 불안해하며 허무주의에 빠진다.

두 번째, 아이의 심리 상태가 아래 수준으로 내려가는 것을 알아차리게 하는 신호는 다음과 같다.

☺ **깨우는 신호** : 건강한 수준에서 보통 수준으로 내려갈 때 나타나는 신호로서, 아이가 주변 환경이나 친구들과의 관계에서 지치면 점점 자신의 감정을 억누르고 머리 속에서 자신만의 지적 사고에 몰입하면서 세상과 연결하는 모습을 보인다.

☺ **위험 신호** : 보통 수준에서 불건강한 수준으로 내려갈 때 나타나는 신호로서, 아이가 주변에 자신이 있을 곳이 없다고 생각하고 대인관계를 피해서 가족이나 친구들과 어울리지 않고 점점 혼자만의 세계에 빠지는 모습을 보인다.

5유형 아이의 이런 모습을 확인했을 때 부모는 아이의 심리상태에서 나타나는 행동을 이해할 수 있게 되고, 특히 위험 신호는 아이의 상태가 불건강한 수준으로 더 나빠지는 것을 미연에 방지할 수 있는 하나의 알림으로 활용하면 도움이 될 것이다.

5
유형

5유형 아이를 대할 때 도움이 되는 전략[4]

☺ 아이가 무표정한 얼굴을 한다고 해서 하는 일에 흥미가 없는 것으로 단정하면 안 된다.

☺ 아이에게 친구들과 사교적으로 지내라고 강요하지 않는다.

☺ 아이가 재충전하기 위해서 혼자만의 시간을 필요로 한다는 것을 이해한다.

☺ 아이가 관찰해서 얻은 지식을 친구나 가족과 함께 나눌 수 있도록 격려한다.

☺ 아이의 객관적인 모습, 지적인 면에 대하여 칭찬을 해준다.

---

4) 윤운성. 에니어그램 적용(한국에니어그램교육연구소:2019). pp.55-63.

5유형이 연상되는 속담과 격언

'아는 것이 힘이다.'
'구슬이 서 말이라도 꿰어야 보배다.'
'침묵은 금'

6유형의 아이

6유형 아이의 특징

    승준이는 학교에서 성실하고 책임감이 있는 아이로 선생님에게 인정을 받는 학생이다. 어느 날 승준이는 수업을 마치고 친구와 같이 교실 정리를 하게 되었다. 교실을 정리하는데 친구가 너무 몸이 안 좋아 힘들어 하는 것이 보였다. 승준이는 "너 오늘 너무 힘들어 보이는데 조금 일찍 가서 약 먹고 쉬어, 마무리는 내가 하고 갈게."라고 이야기했다. 친구는 "그래도 될까? 너무 고맙고 미안해⋯."하면서 먼저 집에 갔다. 승준이는 혼자서 깔끔하게 마무리하고 선생님에게 "교실 정리 끝냈습니다."하고 말씀드렸다. 친구가 먼저 갔다는 이야기는 하지 않고 끝까지 같이 청소하다가 간 걸로 말씀드리고 집으로 갔다.

6유형 아이의 강점과 약점	
강점	약점
예의바름	불안하고 초초, 걱정이 많다
책임감	결정을 잘 못한다
어려운 친구를 도움	잘 못 나서고 수줍음 많음
주변의 신뢰를 받는다	확인하고 또 확인
항상 대비책을 준비	자신감 부족
말한 것은 반드시 실천	고집이 세다

강점 6유형 아이의 강점은 부모님이나 선생님과 같은 권위자의 말을 잘 따르고 성실하고 책임감이 강한 성향을 가지고 있다는 데 있다. 이들은 어떤 일을 맡아서 진행하게 되면 책임감을 가지고 최선을 다하고, 항상 만일에 상황에 대비하여 미리 준비하는 모습을 보인다. 그리고 친구들 중에서 자기보다 약한 사람이나 어려움을 겪는 친구들을 보면 그냥 지나치지 못하고 배려하고 도와주려고 한다.

6유형 아이의 약점은 걱정을 달고 지낸다. 아직 생기지는 않은 일에 대하여 미리 걱정부터 한다. '오늘 내가 친구한테 이렇게 말을 했는데 친구가 오해하면 어쩌나….'와 같이 작은 일상의 일에도 때로는 신경을 많이 쓴다. 그리고 새로운 일을 시작할 때 의심과 두려움이 많아서 '돌다리도 두드려 보고 건넌다.'는 속담처럼 몇 번이고 확인하고 또 확인하는 보습을 보인다. 또한 친구들과의 관계에서 자기만 소외되는 건 아닐까 하는 걱정도 많다.

6유형의 날개 (p. 41 참고)

6유형의 아이는 양 옆에 있는 5번과 7번 중 하나를 날개로 가지고 있다. 5번과 7번 모두를 날개로 가지고 있는 아이도 있지만, 대부분의 아이들은 둘 중에 하나를 주된 날개로 가지고 있다.

5번 날개를 가지고 있는 6유형(6W5)의 아이는 '방어자'로 불린다. 이들은 명확한 기준이 있는 것을 선

6W7 ⑦

⑥

⑤
6W5

호해서 수학이나 법학을 선호한다. 또한 학교생활을 하면서 권위에 반항하는 모습도 나타날 수 있다. 반면 친구들과의 관계에서는 약한 친구들의 편에서 그들을 배려하는 경우가 많다. 때로는 자신의 안전이 위협을 받는다고 느끼면 공격적인 모습이 나타나기도 한다.

7번 날개를 가지고 있는 6유형(6W7)의 아이는 '친구'로 불린다. 이들은 외향적이고 유머러스하고 명랑하다. 또한 친구나 주변 사람들과의 관계를 중요하게 생각한다. 이들은 때로는 불안하고 불쾌한 상황을 잘 견디지 못하고 화를 내면서 충동적일 수 있다.

 ## 6유형의 화살표 방향 : 통합과 비통합 (43쪽 참고)

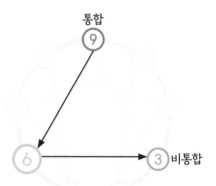

6유형 아이의 화살표는 스트레스 상황일 때는 비통합의 방향인 3유형의 부정적인 모습을, 안정된 상황일 때는 통합의 방향인 9유형의 긍정적인 모습을 보인다.

☺ **비통합 방향** : 6유형의 아이가

　스트레스 증가하는 상황에서는 아이는 자신도 모르게 비통합의 방향인 3유형의 부정적인 면이 나타나서 교만한 모습을 보이면서 친구들과도 지나치게 경쟁하는 경향을 보인다.

☺ **통합 방향** : 6유형의 아이가 안정적이고 스스로 성장하고자 할 때는 통합의 방향인 건강한 9유형처럼 매사에 조급하지 않고 여유가 있으며, 평화롭고 낙천적인 모습을 보인다.

부모는 6유형 아이의 모습을 잘 관찰해서 비통합 방향인 3유형의 부정적인 모습이 보이면 스트레스가 증가하는 상태로 파악하고 좀 더 아이를 이해하도록 노력하면서 안정된 통합의 방향인 9유형의 강점을 살릴 수 있도록 도와준다.

6유형의 발달수준(45쪽 참고)

발달수준은 6유형 안에서 수직적으로 건강한 수준, 보통 수준, 불건강한 수준으로 나누어진다. 여기서는 첫째 현재 아이가 어떤 수준에 머물러 있고, 둘째 아이의 수준이 떨어지는 상태를 확인하는 방법을 알아보기로 한다. 대부분은 평상시에 보통 수준에 머물러 있지만, 때로는 짧게는 하루에도 높고 낮은 수준을 올라갔다 내려갔다 하기도 한다.

첫 번째, 6유형 아이의 수준별 특징을 아래에 간단하게 몇 개의 단어로 표시하였다.

6유형 아이의 수준별 특징	
건강한 수준	자신을 신뢰하고, 헌신적, 협동적, 책임감, 다른 사람에게 안정감을 줌
보통 수준	의무감이 강하고, 충성하는, 걱정하는
불건강한 수준	불안, 열등감, 책임전가, 자기파괴

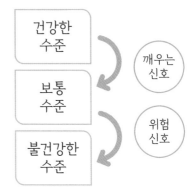

아이가 건강한 수준일 때에는 자신과 다른 사람들을 신뢰하고 학교나 모임에서 헌신적으로 협동하려는 모습을 보인다. 보통 수준일 때에는 의무감이 강하고 선생님같은 권위있는 사람에게 충성스러운 모습을 보인다. 결정을 할 때 다른 사람들에게 자꾸 동의를 구하기도 한다.

불건강한 수준일 때에는 불안하고 열등감에 빠진다. 문제가 생기면 다른 이유를 대면서 책임을 회피한다.

두 번째, 아이의 심리상태가 아래 수준으로 내려가는 것을 알아차리게 하는 신호는 다음과 같다.

☺ **깨우는 신호** : 건강한 수준에서 보통 수준으로 내려갈 때 나타나는 신호로서, 아이가 걱정이 많아지면서 자신을 도와줄 권위자, 친구, 책 등 자기 자신 밖의 것에 의지하려고 하는 모습을 보인다.

☺ **위험 신호** : 보통 수준에서 불건강한 수준으로 내려갈 때 나타나는 신

호로서, 자신의 안전을 지켜주는 부모나 친구들이 자신과 멀어질까봐 더욱 불안해하고 그들의 말과 행동에 지나치게 민감한 반응을 보이기 시작한다.

6유형 아이의 이런 모습을 확인했을 때 부모는 아이의 심리상태에서 나타나는 행동을 이해할 수 있게 되고, 특히 위험 신호는 아이의 상태가 불건강한 수준으로 더 나빠지는 것을 미연에 방지할 수 있는 하나의 알림으로 활용하면 도움이 될 것이다.

6유형 아이를 대할 때 도움이 되는 전략[5]

☺ 이미 결정이 내려진 일에 대하여는 이러쿵저러쿵하지 않는다.

☺ 아이가 의심과 질문을 자유롭게 할 수 있도록 환경을 만들어준다.

☺ 아이의 능력을 넘어서는 무거운 책임을 주지 않는다.

☺ 아이에게 무조건 강압적으로 명령하지 않는다.

☺ 아이하고 약속한 것은 반드시 지키도록 한다.

---

5) 윤운성. 에니어그램 적용(한국에니어그램교육연구소:2019), pp.55-63.

6유형이 연상되는 속담과 격언

'돌다리도 두들겨 보고 건넌다.'
'유비무환(有備無患)'
'윗물이 맑아야 아랫물이 맑다.'

7유형의 아이

 ## 7유형 아이의 특징

장훈이는 신입생으로 고등학교에 들어가서 너무 설레고 신이 난다. 그 중에서 동아리 활동도 너무 기대가 된다. 사실 장훈이는 축구 동아리, 댄스 동아리, 방송반 등 하고 싶은 것이 너무나 많기 때문이다. 엄마는 "장훈아, 이제 고등학생이 되었으니까 공부에 더욱 신경을 써야 한다. 계획도 잘 세우고 준비해야 돼!"라고 말씀하시면 장훈이는 "네!"하고 말하고서는 머리 속에는 '어느 동아리를 가서 새로운 사람들을 만나서 즐거운 시간을 보낼까 ~!'라는 생각으로 가득하다. 이런 아이의 성격을 잘 알고 있는 엄마도 이제 대학 입시 준비도 해야 하는데, 한편으로는 걱정이 되기도 한다.

7유형 아이의 강점과 약점	
강점	약점
활동적이고 명랑함	주위가 산만함
낙천적이고 긍정적	계획이 마무리가 잘 안 됨
아이디어가 넘쳐남	힘들고 어려운 일을 피함
사교적	즉흥적
다양한 분야에 관심	변덕스럽다
재능이 많다	구속받는 것을 싫어함

강점 7유형 아이의 강점은 항상 즐겁고 낙천적이며 활발하다는 데 있다. 이들은 새로운 아이디어가 넘쳐나고 다양한 분야에 재능을 보인다. 또한 이들은 침체되고 가라앉은 분위기를 좋아하지 않고, 전체 분위기를 활기차게 바꾸는 능력이 있다. 그리고 위기상황이 발생하면 이를 잘 극복하고 넘어가는 순발력이 있다.

약점 7유형 아이의 약점은 산만해서 한자리에서 집중하고 긴 시간 공부를 하거나 계획을 세워서 끝까지 마무리하는 것을 어려워한다. 틀에 박히고 규칙이 엄격한 생활을 견디기 힘들어 한다. 이들은 어렵고 힘들 일이 생기면 되도록 그것을 피하려고 하고 즐거운 것만을 좋아하는 경향이 있다.

7유형의 날개 (p. 41 참고)

7유형의 아이는 양 옆에 있는 6번과 8번 중 하나를 날개로 가지고 있다. 6번과 8번 모두를 날개로 가지고 있는 아이도 있지만, 대부분의 아이들은 둘 중에 하나를 주된 날개로 가지고 있다.

6번 날개를 가지고 있는 7유형(7W6)의 아이는 '엔터테이너'로 불린다. 이들은 유쾌하고 긍정적이며 아이디어가 넘친다. 또한 좀 더 책임감 있는 모습을 보이기도 한다. 그러나 때로는 산만하고 모습이 나타나면서 계획한 일을 끝까지 마무리 못하는 경우가 있다.

8번 날개를 가지고 있는 7유형(7W8)의 아이는 '현실주의자'로 불린다. 이들은 현실적이며 활기차고 계획한 것에 대하여 추진력 있게 실천한다. 그러나 때로는 좀 더 공격적이고 물질적이고 냉정해 보일 수 있다.

7유형의 화살표 방향 : 통합과 비통합(43쪽 참고)

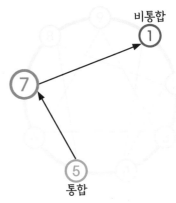

7유형 아이의 화살표는 스트레스 상황일 때는 비통합의 방향인 1유형의 부정적인 모습을, 안정된 상황일 때는 통합의 방향인 5유형의 긍정적인 모습을 보인다.

☺ **비통합 방향** : 7유형의 아이가 스트레스 증가하는 상황에서는 아이는 자신도 모르게 비통합의 방향인 1유형의 부정적인 면이 나타나서 친구들을 평가하고 충고하며 잔소리가 많아지는 모습을 보인다.

☺ **통합 방향** : 7유형의 아이가 안정적이고 스스로 성장하고자 할 때는 통합의 방향인 건강한 5유형처럼 산만한 모습을 보이지 않고 집중력을 가지고 깊이 있게 관찰하는 모습을 보인다.

부모는 7유형 아이의 모습을 잘 관찰해서 비통합 방향인 1유형의 부정적인 모습이 보이면 스트레스가 증가하는 상태로 파악하고 좀 더 아이를 이해하도록 노력하면서 안정된 통합의 방향인 5유형의 강점을 살릴 수 있도록 도와준다.

7유형의 발달수준(45쪽 참고)

발달수준은 7유형 안에서 수직적으로 건강한 수준, 보통 수준, 불건강한 수준으로 나누어진다. 여기서는 첫째 현재 아이가 어떤 수준에 머물러 있고, 둘째 아이의 수준이 떨어지는 상태를 확인하는 방법을 알아보기로 한다.

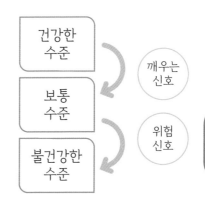

대부분은 평상시에 보통 수준에 머물러 있지만, 때로는 짧게는 하루에도 높고 낮은 수준을 올라갔다 내려갔다 하기도 한다.

첫 번째, 7유형 아이의 수준별 특징을 아래에 간단하게 몇 개의 단어로 표시하였다.

7유형 아이의 수준별 특징	
건강한 수준	만족하고 감사, 적극적이고 열정적인, 실질적이고 생산적인
보통 수준	유행을 따르고 소비하는, 산만한, 과도한 욕심과 쾌락
불건강한 수준	충동적, 책임회피, 조울증, 무기력

아이가 건강한 수준일 때에는 주어진 상황에 만족하고 감사하며, 사소한 것에도 적극적이고 열정적인 모습을 보인다. 보통 수준일 때에는 유행에 민감하고 새로운 것을 찾아서 즐거움을 추구한다. 욕심이 많아지고 만족하지 못하는 모습을 보인다.

불건강한 수준일 때에는 스스로 조절하지 못하고 충동적인 모습을 보인다. 변덕스럽고 무기력하게 된다.

두 번째, 아이의 심리 상태가 아래 수준으로 내려가는 것을 알아차리게 하는 신호는 다음과 같다.

☺ **깨우는 신호** : 건강한 수준에서 보통 수준으로 내려갈 때 나타나는 신호로서, 아이가 친구의 것이 더 좋아보여서 현재 자신의 모습이나 자신이 가진 것에 만족하지 못하는 모습을 보인다. 그리고 산만해서 하던 것에 집중하지 못한다.

☺ **위험 신호** : 보통 수준에서 불건강한 수준으로 내려갈 때 나타나는 신호로서, 자신의 행동이 즐거움이 아니라 고통을 줄 것이라는 두려움이 생겨 더 산만해지고 감정의 변화가 심해지는 모습이 나타난다.

7유형 아이의 이런 모습을 확인했을 때 부모는 아이의 심리상태에서 나타나는 행동을 이해할 수 있게 되고, 특히 위험 신호는 아이의 상태가 불건강한 수준으로 더 나빠지는 것을 미연에 방지할 수 있는 하나의 알림으로 활용하면 도움이 될 것이다.

7유형 아이를 대할 때 도움이 되는 전략6)

☺ 아이에게 과제를 마치는 시간을 강조하고 훈련을 통해 그것을 지키도록 도와준다.

☺ 아이의 낙천적인 성향과 열정을 표현할 수 있도록 자리를 만들어 준다.

☺ 아이에게 자주 질문을 한다.

☺ 아이는 조금만 꾸중을 해도 바로 알아듣기 때문에 너무 강하지 않게 부드럽게 한다.

☺ 아이는 변화를 좋아하기 때문에 꽉 짜여진 일정이나 반복되는 일상에서 싫증을 잘 낸다.

---

6) 윤운성. 에니어그램 적용(한국에니어그램교육연구소:2019), pp.55-63.

7유형이 연상되는 속담과 격언

'염불보다 잿밥에 관심이 있다.'
'참새가 방앗간을 그냥 지나랴.'
'하늘이 무너져도 솟아날 구멍이 있다.'

8유형의 아이

8유형 아이의 특징

　선규는 주변에 항상 따르는 친구들이 많이 있어서 그들과 어울리는 것을 좋아한다. 어느 날 엄마는 학교 다녀오자마자 가방만 던져놓고 친구들이 기다린다고 나가려는 선규에게 "너 잠깐 이리 와 봐. 학교 다녀왔으면 가방하고 책도 정리하고 숙제도 하고 네가 할 일을 먼저하고 나가야 하잖아!"

라고 잔소리를 시작하면, 선규는 "알았어요! 그만 좀 해요. 내가 알아서 할
게!"하면서 화를 내고 나가 버린다.

8유형 아이의 강점과 약점	
강점	약점
당당하고 자신감	자기 주장이 강함
리더십	친구들을 통제하려 함
힘든 일도 도전적	분노와 복수
추진력	굴복하는 것을 싫어함
약한 친구들을 보호	자기편과 아닌 친구 구별
직관이 강함	자기 잘못을 인정하지 않음

강점 8유형 아이의 강점은 결단력이 있고 한 번 시작하면 거칠 것
없이 강하게 추진하는 데 있다. 특히 어려운 난관을 만났을
때 "까짓거 하면 되지 못할 게 뭐 있어요!"하면서 당당히 맞선다. 이들은 친
구들 사이에서도 리더십이 강하고, 친한 친구라고 생각이 들면 그가 어려운
일이 생겼을 때 자신이 나서서 보호해주는 모습을 볼 수 있다.

약점 8유형 아이의 약점은 다른 사람의 통제를 받는 것을 싫어하고
오히려 자신이 다른 친구들을 자기 방식대로 통제하려고 하는
경향이 있다. 때로는 자기보다 강한 친구 심지어 부모에게도 도전적으로 대

항하는 모습을 보일 때가 있다. 또한 이들은 화가 나면 참지 못하고 그것을
바로 나타내기도 한다.

8유형의 날개 (p. 41 참고)

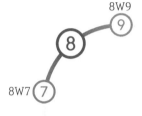

    8유형의 아이는 양 옆에 있
는 7번과 9번 중 하나를 날개로
가지고 있다. 7번과 9번 모두를
날개로 가지고 있는 아이도 있지
만, 대부분의 아이들은 둘 중에
하나를 주된 날개로 가지고 있다.

    7번 날개를 가지고 있는 8유형(8W7)의 아이는 '독립자'로 불린다. 이
들은 행동 지향적이고 사교적이며 활달하여 친구들 사이에서 주도적인 관
계를 이끄는 모습을 보인다. 이들은 말을 할 때 약간의 허풍이 있으며 자신
이 감당하기 벅찬 무리한 약속을 하기도 한다. 때로는 공격적이기도 하고
싸움에서 절대 물러서지 않는다.

    9번 날개를 가지고 있는 8유형(8W9)의 아이는 '곰'으로 불린다. 이들
은 주변 사람들이나 친구들에게 다정하고 상냥한 모습을 보이며 7번 날개
를 가진 아이보다 공격적이지 않다. 자기와 친하게 지내는 친구들을 보호하

면서 리더십을 보인다. 그러나 때로는 자기에게 잘못한 친구에게 복수를 하는 경우도 있다.

8유형의 화살표 방향 : 통합과 비통합(43쪽 참고)

8유형 아이의 화살표는 스트레스 상황일 때는 비통합의 방향인 5유형의 부정적인 모습을, 안정된 상황일 때는 통합의 방향인 2유형의 긍정적인 모습을 보인다.

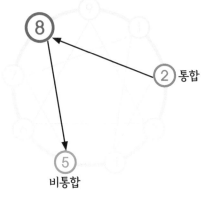

☺ **비통합 방향** : 8유형의 아이가 스트레스 증가하는 상황에서는 아이는 자신도 모르게 비통합의 방향인 5유형의 부정적인 면이 나타나서 더 이상 친구들하고 어울리지 않고 관계를 끊어가면서 은둔자처럼 자신만의 공간으로 숨어버리는 모습을 보인다.

☺ **통합 방향** : 8유형의 아이가 안정적이고 스스로 성장하고자 할 때는 통합의 방향인 건강한 2유형처럼 주변의 가족이나 친구들을 보살피고 따뜻하게 대하는 모습이 보인다.

부모는 8유형 아이의 모습을 잘 관찰해서 비통합 방향인 5유형의 부정적인 모습이 보이면 스트레스가 증가하는 상태로 파악하고 좀 더 아이를 이해하도록 노력하면서 안정된 통합의 방향인 2유형의 강점을 살릴 수 있도록 도와준다.

8유형의 발달수준(45쪽 참고)

발달수준은 8유형 안에서 수직적으로 건강한 수준, 보통 수준, 불건강한 수준으로 나누어진다. 여기서는 첫째 현재 아이가 어떤 수준에 머물러 있고, 둘째 아이의 수준이 떨어지는 상태를 확인하는 방법을 알아보기로 한다.

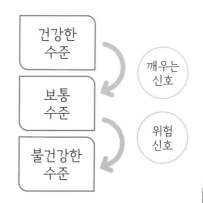

대부분은 평상시에 보통 수준에 머물러 있지만, 때로는 짧게는 하루에도 높고 낮은 수준을 올라갔다 내려갔다 하기도 한다.

첫 번째, 8유형 아이의 수준별 특징을 아래에 간단하게 몇 개의 단어로 표시하였다.

8유형 아이의 수준별 특징	
건강한 수준	스스로 낮춤, 관용적, 자기 확신, 타인을 보호하고지원
보통 수준	자기 이익추구, 타인 지배적인, 위협하는
불건강한 수준	독재적인, 과대망상, 폭력적인

아이가 건강한 수준일 때에는 자신을 스스로 낮춤으로 부모님의 말에 잘 따르는 모습을 보인다. 절제력과 관용적인 모습으로 친구들을 보호하고 그들로부터 지지를 받는다. 보통 수준일 때에는 자기의 이익을 찾고, 친구들에게 큰소리치며 포용하기도 하는 리더의 모습을 보인다.

불건강한 수준일 때에는 누구의 통제도 거부하며 독재적인 모습과 폭력성을 보이기도 한다.

두 번째, 아이의 심리상태가 아래 수준으로 내려가는 것을 알아차리게 하는 신호는 다음과 같다.

☺ **깨우는 신호** : 건강한 수준에서 보통 수준으로 내려갈 때 나타나는 신호로서, 아이가 자신을 스스로 보호해야 된다고 생각하므로 독립적으로 결과를 성취하기 위해서 투쟁하는 모습이 나타난다.

☺ **위험 신호** : 보통 수준에서 불건강한 수준으로 내려갈 때 나타나는 신호로서, 아이가 더욱 반항적이 되어서 주변의 형제나 친구들을 자기 맘대로 통제하려고 하는 모습을 보인다.

8유형 아이의 이런 모습을 확인했을 때 부모는 아이의 심리상태에서 나타나는 행동을 이해할 수 있게 되고, 특히 위험 신호는 아이의 상태가 불건강한 수준으로 더 나빠지는 것을 미연에 방지할 수 있는 하나의 알림으로 활용하면 도움이 될 것이다.

8유형 아이를 대할 때 도움이 되는 전략[7]

☺ 아이에게 주변에 약한 친구를 보살피고 도와주라고 부탁한다.

☺ 아이가 화가 났을 때 맞서지 말고 화가 가라앉을 때까지 기다려준다.

☺ 아이를 대할 때 존중하는 태도를 보인다.

☺ 아이에게 어떤 일을 할 때 책임을 부여한다.

☺ 아이가 생각했던 의견을 이야기할 때 그것을 방해하지 않고 들어준다.

8
유형

7) 윤운성. 에니어그램 적용(한국에니어그램교육연구소:2019), pp.55-63.

8유형이 연상되는 속담과 격언

'내 사전에 불가능은 없다.'
'눈에는 눈 이에는 이'
'한 귀로 듣고 한 귀로 흘린다.'

9유형의 아이

9유형 아이의 특징

　　엄마가 이번 달하고 다음 달에 지혜하고 동생에게 각각 새 옷을 사주시기로 하셨다. 엄마가 "이번 달에 누구 옷을 먼저 사줄까?"라고 말하자마자 동생이 "저 입을 옷이 없어요. 제 것 먼저 사주세요."하고 바로 대답했다. 엄마는 지혜에게 "너는 다음 달에 사줘도 괜찮겠니?"라고 물으니 "네, 저는 아무 때나 사주셔도 돼요. 동생 먼저 사주세요."라고 대답한다. 지혜는 먼저 새 옷을 입고 싶어하는 동생하고 다투고 싶지도 않고, 지혜도 새 옷이 좋기는 하지만 꼭 먼저 입고 싶은 생각도 별로 없다.

9유형 아이의 강점과 약점	
강점	약점
평화롭고 낙천적	잠이 많고 게으르다
원만한 친구관계	행동으로 실천하는 것 부족
배려와 양보	결정을 잘못함
친구들 사이를 중재	동기와 목적의식의 부족
다른 사람의 의견 존중	자신의 의견 잘 표현 안 함
꾸준한 인내심	고집스러움

강점 9유형 아이의 강점은 가정에서는 부모에게 순종하고, 학교에서는 선생님 말씀 잘 듣는 착하고 순한 아이로 인정을 받는다. 친구들하고 관계도 잘 조절하여서 서로 불편함이나 충돌 없이 관계를 잘 유지하도록 만든다. 이들은 주변이 다툼 없이 평화로운 상태가 유지되는 것을 희망한다. 그래서 친구들에게 '천사표'라는 말을 듣기도 한다.

약점 9유형 아이의 약점은 너무 평화로운 것을 추구하다 보니 때로는 게으르고 실행력이 부족하다는 것이다. 그래서 계획을 세우는 것도 익숙하지 않고, 만약에 계획을 세워도 실천하는 데 어려움을 겪는다. 어떤 것을 결정해야 할 때에도 친구에게 "네가 좋은 것으로 해. 나는 어떤 것도 괜찮아."라거나, 부모에게 "마음대로 하세요. 저는 다 좋아요."라는 표현을 자주 사용한다. 그리고 자기 주장을 심하게 하면 친구하고 관계가 멀어질까봐 걱정하는 면도 있다.

9유형의 날개 (p. 41 참고)

9유형의 아이는 양 옆에 있는 8번과 1번 중 하나를 날개로 가지고 있다. 8번과 1번 모두를 날개로 가지고 있는 아이도 있지만, 대부분의 아이들은 둘 중에 하나를 주된 날개로 가지고 있다.

8번 날개를 가지고 있는 9유형(9W8)의 아이는 '조정자'로 불린다. 이들은 강하면서도 동시에 부드러운 면이 있어서 친구들 사이에 문제를 잘 해결해 나간다. 이들은 평화를 추구하기 때문에 화를 냈다가도 바로 다시 차분한 모습으로 돌아올 수 있다. 때로는 고집이 세서 다른 사람의 말을 듣지 않을 때도 있다.

9 유형

1번 날개를 가지고 있는 9유형(9W1)의 아이는 '몽상가'로 불린다. 이들은 내성적이고 화를 꾹 참고 표현하지 않는 경향이 있다. 또한 모험을 즐기지 않고 잘 정돈되고 질서가 유지되는 것을 선호한다. 때로는 지나치게 소극적이며 자신의 속마음을 드러내지 않는 경향이 있다.

9유형의 화살표 방향 : 통합과 비통합(43쪽 참고)

9유형 아이의 화살표는 스트레스 상황일 때는 비통합의 방향인 6유형의 부정적인 모습을, 안정된 상황일 때는 통합의 방향인 3유형의 긍정적인 모습을 보인다.

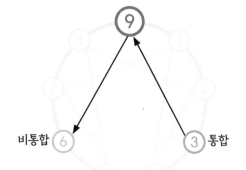

- ☺ **비통합 방향** : 9유형의 아이가

  스트레스 증가하는 상황에서는 아이는 자신도 모르게 비통합의 방향인 6유형의 부정적인 면이 나타나서 일상생활에서 불안해하고 필요 이상으로 걱정이 많아지면서 때로는 공격적인 모습을 보인다.

- ☺ **통합 방향** : 9유형의 아이가 안정적이고 스스로 성장하고자 할 때는 통합의 방향인 건강한 3유형처럼 자신감을 가지고 자신의 능력을 발전시키는 데 관심을 가진다.

부모는 9유형 아이의 모습을 잘 관찰해서 비통합 방향인 6유형의 부정적인 모습이 보이면 스트레스가 증가하는 상태로 파악을 하고 좀 더 아이를 이해하도록 노력하면서 안정된 통합의 방향인 3유형의 강점을 살릴 수 있도록 도와준다.

9유형의 발달수준(45쪽 참고)

발달수준은 9유형 안에서 수직적으로 건강한 수준, 보통 수준, 불건강한 수준으로 나누어진다. 여기서는 첫째 현재 아이가 어떤 수준에 머물러 있고, 둘째 아이의 수준이 떨어지는 상태를 확인하는 방법을 알아보기로 한다.

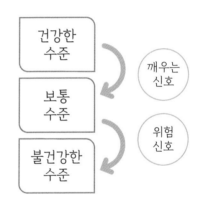

대부분은 평상시에 보통 수준에 머물러 있지만, 때로는 짧게는 하루에도 높고 낮은 수준을 올라갔다 내려갔다 하기도 한다.

첫 번째, 9유형 아이의 수준별 특징을 아래에 간단하게 몇 개의 단어로 표시하였다.

9유형 아이의 수준별 특징	
건강한 수준	침착하고 평화로운, 인내심, 중재자
보통 수준	남에게 맞추는, 소극적 태도, 운명이 시키는 대로
불건강한 수준	의식분열, 무기력, 자포자기

아이가 건강한 수준일 때에는 항상 침착한 모습을 보인다. 인내심이 많고 친구들 사이에서 중재자로서 뛰어난 모습을 보인다. 보통 수준일 때에는 자기주장이 강하지 않고 친구들에게 잘 맞춰주며 때로는 소극적인 태도를 보인다. 결과에 대하여 운명이려니 하면서 쉽게 체념하는 모습을 보이기도 한다.

불건강한 수준일 때에는 매사 무기력한 상태로 지내며 자포자기하는 모습을 보인다.

두 번째, 아이의 심리 상태가 아래 수준으로 내려가는 것을 알아차리게 하는 신호는 다음과 같다.

☺ **깨우는 신호** : 건강한 수준에서 보통 수준으로 내려갈 때 나타나는 신호로서, 아이가 지나치게 친구나 다른 가족의 의견을 잘 들어준다. 또한 아이 자신은 원하지 않음에도 불구하고 "예"라고 대답하는 모습을 볼 수 있다.

☺ **위험 신호** : 보통 수준에서 불건강한 수준으로 내려갈 때 나타나는 신호로서, 현실적으로 자기의 문제를 스스로 해결해야 하는 것에 대하여 힘들어하면서 점점 고집을 부리는 모습이 나타난다.

9유형 아이의 이런 모습을 확인했을 때 부모는 아이의 심리상태에서 나타나는 행동을 이해할 수 있게 되고, 특히 위험 신호는 아이의 상태가 불건강한 수준으로 더 나빠지는 것을 미연에 방지할 수 있는 하나의 알림으로 활용하면 도움이 될 것이다.

9유형 아이를 대할 때 도움이 되는 전략[8]

☺ 아이가 구체적인 목표를 세우도록 하고 일의 우선순위를 정하도록 도와준다.

☺ 아이가 어떤 것을 결정할 때에 시간을 걸리더라도 기다려준다.

☺ 아이에게 하기 싫은 것은 "No!"라고 말해도 문제가 안 생긴다는 것을 알려준다.

☺ 아이가 침묵한다고 다른 의견에 찬성하는 것은 아닐 수 있다.

☺ 아이를 자꾸 통제하려고 하지 않는다. 그러면 아이는 아무것도 안 할 수 있다.

---

8) 윤운성. 에니어그램 적용(한국에니어그램교육연구소:2019), pp.55-63.

9유형이 연상되는 속담과 격언

'쇠귀에 경읽기.'
'최대다수의 최대행복'
'물에 물 탄 듯 술에 술 탄 듯.'

1유형의 아이

 1유형 아이의 특징

1유형인 민서는 완벽한 것을 추구하고 책임감이 강한 아이다. 어느 날 아침에 엄마가 "오늘 엄마가 약속이 있어서 늦게 들어오니 학교에 다녀오면 동생 챙겨서 우선 숙제부터 하고 먼저 저녁을 먹고 있어라."라고 이야기했다. 민서는 학교 다녀와서 엄마가 시킨 대로 우선 가방 정리를 하고 오늘

해야 할 숙제를 먼저 한다. 그런데 동생이 게임만 하고 있는 것을 보고 동생에게 "빨리 와서 같이 숙제부터 하고 게임을 해!"라고 이야기한다. 민서는 엄마가 이야기한 것을 해야 하고 동생도 역시 그렇게 하도록 시켜야 한다고 생각한다. 민서하고 동생은 숙제가 끝나고 나서야 같이 저녁을 먹고 게임을 한다.

1유형 아이의 강점과 약점	
강점	약점
완벽주의	자기비판적
이상적이고 도덕적	죄책감
책임감	고집이 셈
노력하는	화를 냄
정직하고 예의바른	잔소리나 간섭
규칙적인 생활	옳고그름이 분명

강점 1유형 아이의 강점은 책임감이 강해서 자신에게 주어진 일이 있으면 완벽하게 마무리하려는 모습을 보이는 데 있다. 그리고 학교에서 생활할 때에는 규칙을 잘 지키고 바르고 모범적인 행동을 하기 때문에 선생님들에게 믿음직한 아이로 인정을 받는 경우가 많이 있다. 또한 학급에서 어떤 물건이 잘못되거나 문제점이 발견되면 열심히 고치고 처리해서 개선되도록 만든다.

약점 1유형 아이의 약점은 일은 꼭 완벽하게 마무리지어야 한다는 강박관념이 강하게 있다 보니 뜻대로 되지 않을 때는 주변에 친구들이나 동생에게 잔소리를 하기도 하고 화를 내기도 하는 데 있다. 또한 자신에게도 엄격한 기준을 적용하기 때문에 발표 준비나 시험 등 자신에게 주어진 일을 완벽하게 잘 했다는 생각이 들지 않으면 선생님이나 주변에서 먼저 지적하기 전에 본인 스스로 자책하면서 스트레스를 많이 받는 성향이 강하다.

1유형의 날개 (p. 41 참고)

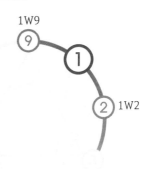

1유형의 아이는 양 옆에 있는 9번과 2번 중 하나를 날개로 가지고 있다. 9번과 2번 모두를 날개로 가지고 있는 아이도 있지만, 대부분의 아이들은 둘 중에 하나를 주된 날개로 가지고 있다.

9번 날개를 가지고 있는 1유형(1W9)의 아이는 '이상주의자'로 불린다. 이들은 2번 날개를 가진 아이보다 좀 더 여유가 있고 친구와의 관계를 좀 더 부드럽게 유지한다. 또한 논리적이고 학구적인 모습을 보이며, 내향적인 성격으로 혼자 있는 공간을 선호하는 경향을 보인다.

2번 날개를 가지고 있는 1유형(1W2)의 아이는 '사회운동가' 또는 '사회변혁주의자'로 불린다. 이들은 열정적이고 활동적이며 친구들과 관계에서 좀 더 배려하는 모습을 보이고 이타적인 성향이 나타난다. 그러나 때로는 비판적이고 공격적인 모습을 보이기도 한다.

1유형의 화살표 방향 : 통합과 비통합(43쪽 참고)

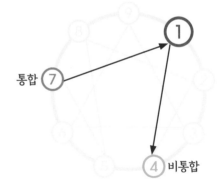

1유형 아이의 화살표는 스트레스 상황일 때는 비통합의 방향인 4유형의 부정적인 모습을, 안정된 상황일 때는 통합의 방향인 7유형의 긍정적인 모습을 보인다.

☺ **비통합 방향** : 1유형의 아이는 스트레스가 증가하는 상황일 때는 자신도 모르게 비통합의 방향인 4유형의 부정적인 면이 나타나서 변덕스럽고 신경질적인 모습을 보이기도 하고 때로는 우울한 모습을 보이기도 한다.

☺ **통합 방향** : 1유형의 아이가 안정적이고 스스로 성장하고자 할 때는 통

합의 방향인 건강한 7유형처럼 주변의 상황을 즐기면서 쾌활한 모습을 보인다.

부모는 1유형 아이의 모습을 잘 관찰해서 비통합 방향인 4유형의 부정적인 모습이 보이면 스트레스가 증가하는 상태로 파악하고 좀 더 아이를 이해하도록 노력하면서 안정된 통합의 방향인 7유형의 강점을 살릴 수 있도록 도와준다.

 ## 1유형의 발달수준(45쪽 참고)

발달수준은 1유형 안에서 수직적으로 건강한 수준, 보통 수준, 불건강한 수준으로 나누어진다. 여기서는 첫째 현재 아이가 어떤 수준에 머물러 있고, 둘째 아이의 수준이 떨어지는 상태를 확인하는 방법을 알아보기로 한다. 대부분은 평상시에 보통 수준에 머물러 있지만, 때로는 짧게는 하루에도 높고 낮은 수준을 올라갔다 내려갔다 하기도 한다.

첫 번째, 1유형 아이의 수준별 특징을 아래 간단하게 몇 개의 단어로 표시하였다.

1
유형

1유형 아이의 수준별 특징	
건강한 수준	지혜로운, 합리적, 원칙적, 책임감
보통 수준	개혁적, 잘 정돈된, 완벽주의, 비판적
불건강한 수준	독선적, 자기 모순적, 비난적

아이가 건강한 수준일 때는 지혜롭고 합리적으로 생각을 한다. 그리고 원칙에 충실하면서 맡은 바 일에 책임감을 가지고 임한다. 보통 수준일 때에는 만족스럽지 못한 상황을 변화시켜야 한다는 생각을 가진다. 정리가 안 되어

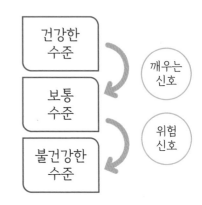

있으면 완벽한 성향 때문에 잘 정리하려고 하고, 만족스럽지 않은 상황에서 잔소리가 많아지고 비판적인 모습이 보인다.

불건강한 수준일 때에는 융통성이 없이 독선적인 모습을 보인다. 잘못된 행동을 합리화하며 자기모순적인 태도를 보이고, 주변 친구나 동생들에게 지나치게 비난한다.

두 번째, 아이의 심리 상태가 아래 수준으로 내려가는 것을 알아차리게 하는 신호는 다음과 같다.

☺ **깨우는 신호** : 건강한 수준에서 보통 수준으로 내려갈 때 나타나는 신호로서, 아이가 주변에 완벽하지 않은 것을 자신이 바꿔야 한다고 생각하는 경향을 보인다.

◎ **위험 신호** : 보통 수준에서 불건강한 수준으로 내려갈 때 나타나는 신호로서, 자신이 생각했던 옳은 것이나 생산적인 것들이 언젠가부터 틀렸다는 두려움에 빠지면서 융통성이 없어지고 스스로를 합리화하는 모습을 보인다.

1유형 아이의 이런 모습을 확인했을 때 부모는 아이의 심리상태에서 나타나는 행동을 이해할 수 있게 되고, 특히 위험 신호는 아이의 상태가 불건강한 수준으로 더 나빠지는 것을 미연에 방지할 수 있는 하나의 알림으로 활용하면 도움이 될 것이다.

1유형 아이를 대할 때 도움이 되는 전략9)

☺ 아이를 대할 때 그들과의 약속 시간과 예의를 지키도록 한다.

☺ 아이에게 생활을 즐길 수 있는 여유를 가지도록 안내한다.

☺ 아이의 실수나 잘못에 대하여 지나치게 자책하지 않도록 도와준다.

☺ 아이가 지나치게 흑백논리로 나아가지 않도록 지도한다.

☺ 아이에게 일을 맡길 때에는 책임의 한계를 분명하게 알려주어 아이가 과도한 책임감 때문에 힘들어 하지 않게 한다.

---

9) 윤운성. 에니어그램 적용(한국에니어그램교육연구소:2019), pp.55-63.

1유형이 연상되는 속담과 격언

'찬 물도 위아래가 있다.'

'천리 길도 한 걸음부터.'

'사돈집 잔치에 감 놓아라 배 놓아라 한다.'

PART

3

유형별 우리 아이
학습특징 알아보기

2부에서는
에니어그램의 구조에 따른 성격유형별로
일상생활에서 나타나는 아이들의 특성에 대하여 알아보았다.
3부에서는
아이들의 성격유형별로 학습과 관련된 이야기를 나누고자 한다.
아이가 공부할 때의 일반적인 특징,
과제를 할 때 나타나는 특징적인 모습,
학습목표와 계획을 세우고 실천하기,
학습동기를 부여하는 방법,
그리고 마지막으로 좀 더 쉽게 이해할 수 있도록
각 유형별 인물을 예를 들어 설명하였다.

2유형 아이의 학습태도

공부할 때의 특징

　2유형의 아이는 친구들과 같이 협력하면서 학습에 흥미나 동기를 부여받기도 하는데, 코로나 19 팬데믹 시기처럼 친구들과 어울리기 힘든 상황에서는 우울증이 나타나기도 하면서 다른 유형의 아이들보다 더 힘들어 할 수 있다. 2유형의 아이는 스스로 탐구하고 혼자서 공부하기보다는 수업을 통해서 선생님에게 지식을 배우고 궁금한 것은 질문하면서 본인의 학습역량을 향상시키는 모습을 선호하는 것으로 보인다.

이들은 선생님과의 관계를 중요하게 생각하고, 선생님의 기대를 충족시키고 인정받기 위해서 수업시간에 아주 열심히 참여한다. 이러한 이유로 2유형의 아이는 수업시간에 선생님이 학생들에게 하는 질문에 상냥하고 부드러운 음성으로 대답도 잘하고, 수업분위기를 어색하지 않게 만들어주는 역할을 하기 때문에 선생님들에게 좋은 관심을 받기도 한다.

그러나 때로는 친구들의 영향을 많이 받다 보니 스스로 중심을 잡지 못하고 그때그때의 수업분위기에 휩쓸리기도 한다.

2유형의 아이는 선생님과의 관계뿐만 아니라 친구들과의 관계도 중요하게 생각한다. 그러기 때문에 독서실이나 자기 방 같은 혼자만의 공간에서 외롭게 책과 씨름하면서 공부하는 것보다는 여러 친구들과 즐겁게 토론도 하면서 같이 어울려서 공부하는 것을 선호하는 경향이 있다. 그리고 친구들과 같이 공부를 하다가 어려운 문제나 내용이 나오면 기꺼이 자기보다 부족한 친구를 도움을 주는 것을 즐겁게 생각한다.

친구들과의 관계를 중요시하고 도움을 주는 성격이 강하다 보니 때로는 공부는 뒤로 미루고 친구들하고 재미있게 어울리는 것을 우선순위로 놓는 경우가 있다. 이럴 때 부모는 어떤 것이 더 중요한 것인지를 분명하게 이야기 해주고, 중요한 것을 먼저 할 수 있도록 지속적으로 지도하는 것이 좋다. 그리고 이들은 학습분위기가 지나치게 경쟁적이거나 너무 엄격한 선생님을 만나면 힘들어 할 수도 있다. 아이가 학교나 학원 생활에 어려움을 겪는 것 같으면 이러한 이유가 있는지 관심을 가지고 지켜볼 필요가 있다.

과제할 때 나타나는 특징적인 모습과 해결방안

이미 언급하였듯이 2유형의 아이는 선생님에게 좋은 모습을 보여주기 위하여서라도 과제를 잘해서 제출하려고 한다. 한편 이들은 친구들과의 관계도 매우 중요하다고 생각한다. 그래서 학교 수업이 끝나고 바로 과제를 해야 하는 상황이 생겼음에도 불구하고 친구가 다른 일로 도와 달라고 요청하거나 같은 과제로 어려움을 이야기하면 그것을 거절하지 못하고 친구를 먼저 도와주는 경우가 있다. 그렇게 하고서도 시간이 남아서 자신의 과제를 잘 마무리할 수 있으면 문제가 없다. 그러나 정작 본인은 과제를 할 시간이 부족해서 주어진 시간에 제출하지 못하는 상황도 생길 수 있다.

2유형의 아이는 서로 협력하고 친구를 도와가면서 하는 과제를 선호한다. 그래서 상황이 허락하면 친구와 함께 과제를 할 수 있도록 환경을 조성해 주는 것도 하나의 방법이다. 그리고 친구를 도와주는 것을 좋아하기는 하지만, 자신에게 필요한 것이 있을 때 친구들에게 도움을 청하는 것에는 익숙하지 못한 모습을 보인다. 때로는 자신이 모든 것을 다 할 수 있다는 생각을 버리고 주변에 도움을 청해서 문제를 해결하도록 지도하는 것도 좋다.

아이가 친구들과 먼저 어울리는 이유 때문에 자주 과제를 제 시간에 제출하지 못하는 일이 생기면, 주변에서 "다음부터는 먼저해야 할 과제가 있으면 친구에게 그것을 이야기하고 너의 과제가 끝나고 나서 친구를 돕거나 같이 놀러 나가도록 하자. 그렇게 해도 친구가 너에게 섭섭해하지 않을 테니 너무 걱정하지 않아도 돼."라고 말해 준다. 그래서 아이가 어떤 것이 우선인지 생각하게 하고, 때로는 중요한 과제가 있으면 잘 설명해서 친구들의 부탁을 거절하고 자신의 것을 먼저 하여도 친구가 섭섭하게 생각하지 않는다는 것을 알려줄 필요가 있다.

이들은 친구와의 관계를 중요시하고 친구가 자기를 어떻게 생각하는지를 중요하게 여기기 때문에 친구의 이야기를 거절하는 것을 힘들어 할 수 있다. 이와 같은 비슷한 상황이 일어날 때마다 반복적으로 알려 주어서 이러한 상황을 인식할 수 있도록 도와주는 것도 해결책이 될 수 있다.

 ## 학습목표와 계획을 세우고 실천하기

2유형의 아이는 스스로 목표를 세우고서도 주변 친구들이나 상황의 변화에 따라서 목표가 바뀌거나 확신을 못 가질 때가 있다. 시간이 지나면서 목표는 바뀔 수 있고 언제나 수정이 가능한 것이다. 다만 이들에게는 선생님같이 도움을 줄 수 있는 사람이 대화나 코칭을 통해서 마음속에 있는 목표를 구체적으로 찾아 볼 수 있도록 지도하는 것이 좋다.

내가 만난 은서는 선생님이나 친구들에게 아주 상냥하고 붙임성 많은 성격이었다. 언젠가는 쉬는 시간에 내 책에다가 이모티콘 스티커와 별명을 붙여 놓고 친구들하고 재미있어 하기도 했다.

어느 날 미래에 꿈에 대해서 이야기할 기회가 있었는데, 은서는 "선생님, 저는 꿈이 없어요. 그래서 가고 싶은 학과도 없어요."라고 이야기를 해서 당혹해 한 적이 있었다. 왜냐하면 은서는 항상 밝고 활기찬 모습을 보여주었기 때문이다. 그래서 나는 몇 가지 질문을 던졌다.

"은서가 생각하는 '꿈'이란 어떤 것이지?", "그렇게 생각하는 꿈에 맞는 직업이나 전공은 어떤 것이 있을까?" 등 꿈에 접근할 수 있는 대화를 이끌어 갔다. 은서는 옛날에 생각했던 꿈도 떠올려보고, 좋아하는 취미도 생각해 보는 시간을 가졌다. 은서는 "저는 사람들하고 어울리면서 즐겁게 시간을 보내는 것을 좋아해요.", "그래서 사진 촬영하는 것을 좋아하고, 지금도 좋은 것은 아니지만 작은 제 카메라가 있어서 가끔 사진을 찍어요."라고 이야기했다.

사진과 관련된 것은 나도 처음 듣는 이야기라 아주 기분 좋게 공감해주고 그것에 대하여 한동안 대화를 나누었다. 이후 어려운 입시 생활의 방향을 잡고 열심히 공부하는 모습을 보였다. 은서는 사진을 전공한 것은 아니지만 대학에서 사진 동아리에 들어가서 친구들하고 출사를 다니면서 즐거운 대학생활을 하고 있다.

2유형의 아이는 이미 이야기하였듯이 친구들과의 관계를 소중하게 생각하기 때문에 자신의 일과 친구와 같이 해야 할 일이 겹쳐질 때 친구들과 시간을 보내느라고 자신의 일을 뒤로 미루거나 못하는 경우가 많다고 이야기했다. 학습계획을 세우고 실천할 때에도 친구나 좋아하는 게임 등 기타 여러 변수들의 영향을 많이 받는 편이다.

2유형의 아이는 친구가 어떤 부탁을 하거나 같이 재미있는 시간을 보내자고 하면 차마 거절하지 못하고 자신의 일정을 뒤로 미루는 경우가 많다. 그리고 나중에 이들은 자신이 세운 목표를 이루기 위해서 제대로 계획을 실천하지 못하면 스트레스를 받아서 시간이 지난 다음에 부모나 다른 친구에게 투덜거리는 모습을 보이기도 한다. 이들에게는 주변에서 친구들이 부탁을 할 때 "No"라고 이야기할 수 있는 훈련을 하는 것이 필요하다. 또한 게임 같은 흥밋거리는 계획과 우선순위를 구별해서 계획을 실천하고 이후에 할 수 있도록 지도하는 것이 좋다.

학습동기부여

2유형의 아이는 부모나 선생님에게 인정받는 것을 아주 중요하게 생각한다. 그렇기 때문에 이들에게 학습동기를 주기 위해서는 부모나 선생님이 항상 관심을 가지고 지켜보고, 조그마한 일이라도 공감해주고 확인해서 잘

했다고 칭찬과 격려를 해주면 더욱더 열심히 하게 될 것이다. 만약에 2번 유형의 아이가 학교에 다녀와서 바로 숙제를 했다면 부모님은 아이가 해야 할 것을 했다고 당연하게 생각하지 말고, 이왕이면 "학교에서 공부하고 와서 몸도 피곤하고 친구들하고 같이 놀고 싶기도 할 텐데, 그래도 바로 숙제부터 하는 모습이 너무 대단해 보이고 엄마 기분도 너무 좋구나!"라고 공감과 관심을 보여주면서 칭찬하면 2번 유형의 아이는 더욱 열심히 하려는 동기가 생길 것이다.

그리고 2번 유형의 아이는 '수치심'에 민감하게 반응한다. 예를 들어 중간고사에서 원했던 점수를 얻지 못해 실패했다고 속상해 하고 있을 때 부모가 아이를 책망하거나 화를 내면 이들은 매우 크게 수치심을 느끼면서 마음의 상처를 크게 받을 수 있다. 이때 부모는 "우리는 너를 아주 많이 사랑하고 그리고 항상 믿고 있단다. 이번 시험에도 최선을 다한 것을 우리는 잘 알고 있단다. 정말로 수고 많이 했고, 결과 때문에 너무 속상해 하지 않았으면 좋겠어. 앞으로도 지금처럼 열심히 공부면 꼭 원하는 결과를 얻을 수 있다고 확신해. 우리는 항상 너를 믿고 응원해!"라고 하면서 아이들을 잘 위로해 주고 그들에게 무한한 신뢰와 사랑을 하고 있다는 표현을 보여주면 이들의 동기부여에 크게 도움이 될 것이다.

모든 유형의 아이들에게 칭찬은 큰 힘이 되지만 특히 2유형의 아이에게는 더욱 큰 힘이 된다. 이들은 주변 사람들의 시선을 많이 의식하고 그들로부터 신뢰와 인정받는 것을 중요하게 여기기 때문이다. 또한 자신이 주변 사람들에게 사랑스럽고 소중한 존재로서 인식되기를 바라는 마음이 있다. 그렇기 때문에 2번 유형의 아이들에게는 선생님이나 부모 같은 주변 사람들의 칭찬은 매우 큰 힘이 된다.

2유형의 대표적 인물

테레사 수녀
(Mother Teresa Bojaxhiu, 1910-1997)

1928년 로레토 수녀회에 입회하면서 로마 가톨릭교회의 수녀가 되었고, 테레사로 개명하였다. 그후 선교 활동과 빈민 구제를 목적으로 당시 영국의 식민지였던 인도로 이주하였다.

1950년에 인도의 콜카타에서 '사랑의 선교회'라는 수녀회를 설립하였다. 이후 45년간 선교회를 통해 빈민과 병자, 고아, 그리고 죽어가는 이들을 위해 인도와 다른 나라에서 헌신하였다. 사랑의 선교회는 그녀가 사망할 즈음에는 123개 국가에 610개의 선교단체를 설립했다. 1979년에 노벨 평화상을 받았고, 2016년에 성인으로 시성되었다.

알베르트 슈바이처
(Albert Schweitzer, 1875-1965)

슈바이처는 독일 출신의 프랑스 의사이자 음악가, 철학자이며 루터교의 목사였다. 그의 자서전에 '30세까지는 학문과 예술 속에서 살고, 그 후부터는 인류에의 직접 봉사 활동으로 들어가자'는 결심을 실천하기 위해 30세 되는 해에 의학 공부를 시작했다고 나온다. 1913년 아내와 함께 흑인을 위한 의료사업에 평생을 바치기 위해 프랑스령 적도 아프리카에서 의료봉사를 시작했다. 1952년 노벨 평화상을 수상하였고, 일찍부터 반핵운동과 평화운동을 하였다.

2유형이 선호하는 직업

간호사, 마케팅 리서처, 메이크업 아티스트, 문화재 보존원, 보육교사, 비행기 승무원, 사회단체 활동가, 사회복지사, 상담전문가, 쇼핑 호스트, 아나운서, 안경사, 애완동물 미용사, 여행서비스 종사자, 웨딩플래너, 유치원 교사, 요리사, 인문계열 교수, 초등학교 교사, 치과 기공사, 커플 매니저, 특수학교 교사, 피부미용사[1]

---

1) 한국형에니어그램 성격유형검사(KEPTI)

3유형 아이의 학습태도

 공부할 때의 특징

　재현이가 고등학교 2학년일 때 나는 그 아이를 만났다. 재현이는 자신에게 필요하다는 생각이 들면 "저는 학원에 같은 학교 아이들이 없거나 아는 친구가 전혀 없어도 상관없어요. 혼자서도 잘 다녀요."라고 이야기한다. 그리고 수업시간에도 다른 친구들에게 주눅들지 않고 새로운 친구들하고도 불편한 것 없을 정도로 잘 어울린다. 시험 때가 가까워져서 혼자 공부하는 시간이 필요하면 "저 시험이 끝날 때까지 혼자 정리하면서 공부할게요."라고 이야기하고 자기 계획대로 진행하는 모습을 보였다. 그리고 시험 결과도 역시 만족스럽게 나왔다.

3유형의 아이는 학습에 있어서도 자신감이 넘치고 목표가 명확하며, 그것을 성취하기 위하여 자신의 뛰어난 역량을 발휘하는 모습을 보여준다. 이들은 공부할 때에도 자신이 설정한 목표를 달성하기 위해서 효율적이고 체계적으로 학습을 한다. 학교나 학원 수업에서도 자신에게 부족한 부분을 채울 수 있는 수업이 무엇인지 정확히 알고, 그것을 보완하기 위해서 필요한 학습을 한다. 그래서 이들은 대체적으로 학업성적이 좋은 경우가 많다.

또한 이들은 자신에게 매력적이고 흥미를 이끌어 내는 환경에서 공부하는 것을 선호한다. 그래서 방학 중에 학교 밖에서 진행하는 특별한 학습 캠프나 방학 프로그램에 참여해서 자신의 역량을 높이는 기회를 가질 수 있도록 환경을 만들어주는 것도 좋은 방법이다.

3유형의 아이는 때로는 지나치게 경쟁적이어서 주변에 있는 친구들과 자신의 비교해서 성적이 좋지 못하면 공부 못하는 아이로 인식될까봐 걱정하기도 한다. 이들은 공부를 할 때 과정보다는 목적 달성을 매우 중요하기 생각하기 때문에 부모는 아이가 지나치게 과도한 집착을 보이면 너무 서두르지 말고 올바른 방법으로 성취할 수 있도록 도와주는 것이 좋다.

　　3유형의 아이는 선생님으로부터 과제를 받으면 우선 그것을 세분화해서 우선순위를 정하고 각각 할 수 있는 시간을 나누어 효율적으로 진행할 수 있도록 배분한다. 그리고 그 과제를 수행하기 위해서 바로 계획을 행동으로 옮긴다.

　　그러나 그 과제가 자기가 달성하고자 하는 목적과 관련이 없다는 생각이 들면 그것을 하는 둥 마는 둥 하거나, 아니면 아예 과제를 하지 않을 수도 있다. 이들은 명확한 목표가 보이고 성취한 것을 인정받을 수 있는 과제를 선호한다.

　　3유형인 아이들은 수행평가나 성적과 관련된 과제처럼 결과가 성취하고자 하는 목적과 관련이 있을 때 그것에 중요한 의미를 두고 시간과 노력을 투자하는 경향이 있다. 왜냐하면 이들은 과제를 하는 시간 자체가 목적을 이루기 위해서 매우 효율적으로 사용해야 하는 중요한 수단이라고 생각하기 때문이다. 그래서 이들은 과제가 자신이 생각한 목적에 부합되지 않으면 중요한 시간과 에너지를 투자할 가치를 느끼지 않을 수 있다. 또한 너무 시간에 쫓겨서 빨리 마무리지으려고 하다가 만족스럽지 못한 결과가 나올 수 있으므로 서두르지 말고 차분하게 진행하도록 지도한다.

어느 날 아이가 "오늘 숙제는 성적에 반영 안 한다고 해서 안 해도 돼요."라고 이야기하면, 부모는 아이의 의견에 동의하기보다는 "공부를 할 때 당장에는 눈에 띄지 않지만 나중에 네가 이루고자 하는 목적을 달성하는 데 큰 도움을 주는 것들도 있단다. 선생님이 숙제를 내주셨을 때는 아마도 그런 의미가 있을 수 있으니 너무 눈앞에 것만 보지 말고 항상 성실하게 최선을 다하는 멋진 학생이 되었으면 좋겠다."라고 지도하는 것이 좋다. 그러면 이들은 선생님에게 인정받고 칭찬받기 위해서 마음을 고쳐먹고 과제를 마무리하게 될 것이다.

3유형의 아이는 친구들과 함께해야 하는 조별과제를 진행할 때도 반드시 좋은 결과를 만들어야 한다는 생각이 강하다. 그렇기 때문에 자신보다 실력이 부족한 친구와 함께 작업하는 것을 불편해 하기도 한다. 그리고 공부할 때 자신만의 노하우나 정리된 것들을 친구들과 공유하려고 하지 않는 모습을 보이기도 한다.

학습목표와 계획을 세우고 실천하기

3유형 아이는 자신감이 넘치고 실패에 대한 두려움이 별로 없다. 이들은 학습의 결과를 매우 중요하게 생각한다. 그래서 항상 높은 목표를 세우고 구체적으로 계획을 수립한 다음 바로 실행에 옮기는 강한 추진력을 보인다. 아이는 자기가 세운 목표를 반드시 결국 이루어내는 능력이 있다. 만약 이번에 목표를 달성하지 못하고 실패하더라도 바로 다시 일어나 다음 목표를 위해 열심히 실천하는 성향의 아이다. 그러나 목표에 대한 열정이 너무 강한 나머지 무리한 계획을 세우고 급하게 서두르는 모습을 종종 볼 수 있다.

이때 부모는 "우리 생각에는 너는 탁월한 능력이 있어서 네가 생각한 목표를 반드시 이루어 낼 거라고 믿는다. 그러니 너무 서두르지 말고 한 걸음 물러나서 다시 한 번 계획을 검토하고 문제점이 있으면 보완하고 다시 시작하는 것도 좋을 것 같아."라고 말하면서 조금 침착하게 진행할 수 있도록 도와주는 것이 좋다.

내가 만난 준형이는 다른 지역에서 한참 동안 차를 타고 내가 강의하는 지역까지 이동해서 학교를 다니고 있는 친구다. 다른 지역에서 다니고 있으면서도 사교적이고 활동적인 성격 때문에 주변에는 친구들이 항상 많이 있다. 언젠가 준형이의 아버님과 통화할 기회가 있었다.

"우리 준형이는 크게 속을 썩이거나 걱정거리를 만들지 않습니다. 학교까지 거리가 멀어도 불평없이 잘 다니고 있습니다. 시험 때는 늦게까지 공부하는 모습도 기특합니다."라고 이야기하였다.

나는 "그러면 준형이에게 특별히 어려운 일이나 문제는 없나요?"하고 물어보았다. 다음과 같은 대답이 돌아왔다.

"별 문제는 없습니다. 단지 시험을 보면 본인이 원하는 만큼 성적이 나오지 않나 봅니다. 지난 시험이 끝나고는 다 큰 사내놈이 집에 와서 펑펑 우는 모습을 보니까 마음이 상하더라구요."

준형이의 성적은 중상위권이고 특별히 내색을 하지 않아서 만족스럽게 생활하는 것으로 알고 있었다. 시간을 내서 준형이와 이야기를 나누었는데, 본인 스스로도 열심히 하고 있다고 이야기한다. 그런데 성적은 만족스럽게 나오지 않는다고 고백한다. 학습 코칭을 진행했더니 전체적인 계획을 세우고 공부를 하지 않아서 학습효율이 떨어진다고 본인 스스로 진단을 했다. 그래서 일주일씩 구체적으로 계획을 세우고 실천하도록 이야기하고 피드백을 받았다. 준형이는 예상대로 계획대로 실천하고 빠르게 적응해나가는 모습을 보여주었다.

 ## 학습동기부여

3유형의 아이는 목표가 명확하고 성취하고자 하는 욕구도 매우 강한 성향이다. 그리고 이들은 하고자 한 목표를 이루어냈을 때 선생님과 주변 사람들에게 자신의 능력을 인정받는 것을 좋아한다. 그래서 좋은 성적이 나왔을 때 다른 친구들 앞에서 칭찬을 받으면 더욱 동기부여를 받는다. 이는 가정에서도 마찬가지이므로 성취한 결과에 대하여 온 가족 앞에서 칭찬을 해주는 것이 좋다.

예를 들어 학교에서 뛰어난 성과물을 달성하였을 때 선생님이 "여러분, 오늘 우리 반에 아주 기분 좋은 일이 있어서 같이 축하를 하려고 해요. 채은, 자리에서 잠간 일어나 볼래요. 우리 반 친구인 채은이가 이번에 교내 수학경시대회에서 최우수상을 받았어요. 모두 박수로 축하해 줄까요."라고 다른 친구들이 모두 지켜보는 가운데 이 아이의 능력과 성과를 칭찬해주면 3번 유형의 아이는 이러한 상황을 매우 즐기면서 스스로의 자존감도 높아지는 계기가 될 것이다.

이러한 경험들이 이후에 새로운 일을 할 때는 더욱더 동기가 강화되어 다음에도 더욱 좋은 결과물을 이루어 낼 것이다. 단지 앞에서도 언급하였듯이 반드시 친구를 이겨야 한다는 생각에 빠지거나, 모든 친구가 자신의 경쟁상대라는 너무 지나친 경쟁의식에 빠지지 않도록 지도할 필요가 있다. 이들에게 바람직한 성공이 무엇인지 스스로 생각해 볼 수 있도록 도와주는 것도 중요한 부분이다.

3
유형

빌 클린턴
(William Jefferson Clinton, 1946~)

빌 클린턴은 1993년부터 2001년까지 재임한 미국의 42대 대통령이다. 1976년 아카소 주의 법무부장관으로 선출되었고, 1978년 아칸소 주에서는 최연소 주지사로 선출되었다. 46세의 나이로 대통령이 된 그는 역대 미국의 대통령 중에서 세 번째로 젊은 대통령이었다. 그는 냉전이 끝난 시대에 대통령이 되었고, 첫 번째 베이비붐 세대 대통령이었다. 또한 1996년에 재선되었고, 민주당 출신으로는 프랭클린 루즈벨트 이래 처음으로 두 번의 임기를 채운 대통령이 되었다. 클린턴은 미국 역사상 가장 긴 기간 동안 평화로운 경제적 확장시기를 이끌었다고 평가받았다.

마이클 조던
(Michael Jeffrey Jordan, 1963~)

미국의 은퇴한 농구선수로 포지션은 슈팅가드이다. 약 120년에 이르는 농구 역사에서 가장 위대한 선수로 평가 받는다. 조던은 노스캐롤라이나 대학교 2, 3학년 때 연속으로 전미 최고 대학선수 선발로 뽑혔고, NBA에 진출하게 된다.

1984년 시카고 불스에 지명되면서 이후 신인왕과 득점왕, MVP 등을 수상하였다. 마이클 조던은 NBA는 물론 세계 농구사 전체에서 가장 위대하고 뛰어났던 선수로 평가받는다. 더불어 NBA 최고 부흥기를 이끈 주인공이기도 하다. 현재는 NBA 팀인 샬럿 호네츠의 구단주이다.

3유형이 선호하는 직업

가상현실 전문가, 경영 컨설턴트, 관세사, 광고 및 홍보전문가, 네트워크 엔지니어, 병원코디네이터, 보석감정사, 생명과학연구원, 실내장식 디자이너, 아나운서, 연예인 및 스포츠매니저, 영업사원, 외환딜러, 요리사, 자동차 공학기술자, 전문비서, 제품디자이너, 컴퓨터프로그래머, 투자분석가, 프로게이머, 회계사, 호텔 지배인[2]

---

2) 한국형에니어그램 성격유형검사(KEPTI)

4유형 아이의 학습태도

4
유형

학부모하고 자녀들의 에니어그램 검사 결과를 가지고 상담을 할 기회가 있었다. 큰아이 때문에 왔는데, 이야기하다 보니 둘째아이 걱정이 많았다. 둘째아이 이름이 '겨울이'인데, 엄마가 보기에는 겨울이는 여러 친구들하고 활발하게 어울리는 것 같지도 않고 집에 오면 자기 방에 들어가서 무얼 하는지 모르겠다고 한다. 공부도 부족한 것이 있으면 학원에 가보라고 해도 싫다고 한다는 것이다.

나는 겨울이 검사 결과가 4유형인 것을 확인하고 "겨울이는 학원에 가서 새로운 환경에서 새로운 친구들하고 같이 있는 것 자체가 불편하게 느낄 수 있습니다. 지나치게 아이에게 특정한 방식을 강요하지 마세요."라고 이야기하고, 혹시 겨울이가 친하게 지내는 친구가 있는지 확인하였다. "겨울이는 스스로 부족한 과목을 공부해야 한다는 것을 알고 있으니, 어떤 방법이 좋을 지 물어보세요. 친한 친구하고 이야기해서 같이 학원을 다니거나 개인과외를 하는 것을 어떨지…. 그리고 겨울이만의 나름의 해결책이 있을 수 있으니까 아이의 의견을 물어 보세요." 4유형인 겨울이는 학교에서 수업시간에 선생님에게 질문하거나 친구들에 모르는 것을 물어보는 것이 어렵고 힘들 수 있으니 아이를 대할 때 참고하도록 하였다.

공부할 때의 특징

4유형의 아이는 공부를 할 때 일반적인 친구들과는 다르게 모든 과목이나 국어·영어·수학 같은 주요과목 중심으로 공부하는 것이 아니라 자신이 생각할 때 주관적으로 중요한 의미가 있다고 생각되는 과목에 대해서만 관심과 흥미를 보이는 경향이 있다. 그래서 학업성취도 결과도 의미있게 느끼는 과목과 그렇지 않은 과목의 성적에 차이가 많이 나는 경우가 있다.

4유형의 아이는 공부를 하다가도 종종 호기심이 생겨서 머릿속으로 다른 상상을 하는 때가 있다. 이들은 자신의 생각을 다른 사람에게 말로 표현하는 데에 익숙하지 않기 때문에, 학교에서 공부할 때에도 내용이 잘 이해되지 않음에도 불구하고 좀처럼 선생님에게 질문을 하지 않는다. 이런 4유형 아이의 성향을 이해하고 아이에게 좀 더 생각할 시간을 주면서 배려하면 도움이 될 것이다. 또한 4유형 아이의 이면에 감추어져 있는 섬세한 감정을 알아주면 더욱 효과적일 것이다.

4유형의 아이는 친구들과 어울려서 토론하는 수업을 불편해 한다. 그렇기 때문에 이들은 혼자만의 시간과 공간을 가지고 자신만의 학습방법을 찾아서 공부하는 것을 선호한다. 4유형의 아이는 이러한 성향 때문에 교과수업 중에 부족한 부분을 보충하기 위해서는 여러 명의 학생들이 같이 공부하는 학원보다는 자신에게만 특별히 관심을 가지고 지도하는 일대일 개인지도를 선호할 수도 있다.

4유형의 아이는 공부할 때 노트나 색색의 필기도구 등 다양한 학습도구들이 잘 준비되어 있으면 학습에 도움이 된다. 그리고 이들은 노트 필기나 정리도 깔끔하게 되어 있다. 때로는 4유형의 아이에게는 자기가 좋아하는 음악이나 미술 등 예술적인 활동을 할 수 있도록 지원해 주면서, 이를 통하여 본인의 강점을 표출할 수 있도록 하는 것도 좋은 방법이 될 수 있다.

 ## 과제할 때 나타나는 특징적인 모습과 해결방안

4유형의 아이는 선생님이 내주신 과제의 내용이나 제출 마감일에 특별한 의미를 부여하지 않는다. 주어진 과제를 보고 여러 가지 관점에서 이런저런 생각을 하면서 시간을 보낸다. 때로는 과제를 하는 중에 공상에 빠져

시간 가는 줄 모를 때도 있다. 이들은 자신이 스스로 느끼는 감정을 매우 중요하게 여긴다. 그래서 스스로 과제가 중요하다는 생각이 들면 그때서야 과제에 관심을 보이면서 자신만의 독특한 방법으로 그것을 처리하려고 한다. 또한 과제를 할 때 다양한 도구를 사용해서 자기만의 특별한 것을 만들어 내려는 모습을 보인다.

그러나 그 과제를 스스로 의미있게 느껴지지 않으면 언제까지 과제를 제출해야 하는지 까맣게 잊고 시간을 보낼 수도 있다. 그래서 과제를 제출하는 날임에도 불구하고 그것에 전혀 개의치 않고 자신의 마음이 움직이는 대로 가서 전혀 다른 짓을 하고 있을 수도 있다.

4유형의 아이가 과제를 해오지 않았을 때, 선생님이 화가 나서 "너는 왜 정해진 날짜에 과제를 제출하지 않지? 무엇 때문에 안 했는지 설명해 봐!"라고 다그치면 이들은 다른 친구들 앞에서 부끄러움과 수치심을 크게 느낀 나머지 마음에 큰 상처를 입을 수 있다. 이때 선생님은 아이들 성향을 한 번 더 생각하고 좀 더 아이와 눈높이를 맞추어서 그들의 감정을 공감하고 이해하려는 노력이 필요하다. 그리고 다른 아이들과는 다른 4유형만의 특별한 창조적인 역량으로 해결할 수 있도록 도와주는 것이 효과적이다.

4유형의 아이가 과제를 하지 않으려고 할 때 가정에서 부모는 아이를 무조건 혼을 내거나 재촉하기보다는 다음과 같이 대화를 통해서 명확하게 알려주는 것이 좋다. "학교에서 선생님이 주시는 과제는 하고 싶다고 하고, 하기 싫다고 하지 않는 것이 아니고, 학생으로서 꼭 해야 하는 일이란다." 라고 이야기하면서 정확하게 알려주는 것이 바람직하다.

참고로 4유형의 아이는 과제가 너무 힘들고 부담스러울 때에는 섬세하고 민감한 성향 때문에 그 현상이 몸으로 오는 경우가 있다. 특히 아이에게 갑자기 두통 같은 증상이 나타나면 아이가 무엇 때문에 힘들어 하는지 알아볼 필요가 있다.

학습목표와 계획을 세우고 실천하기

4유형 아이의 마음속에는 친구들과는 달리 특별한 존재라는 생각이 깊이 들어 있다. 이들은 친한 친구가 자기보다 더 뛰어난 모습을 보이면 때로는 그것을 질투하기도 한다. 그래서 친구들과 비교해서 자신이 좀 더 우수한 학생이어야 한다는 생각에 높은 목표를 세울 수도 있다.

이들은 구속되기보다는 자유로움을 갈망하기 때문에 빡빡하게 짜여진 틀에 박힌 일정을 보면 숨이 막히는 기분을 가질 수도 있다. 또한 변덕스러운 감정의 변화에 영향을 많이 받기 때문에 계획대로 공부를 하다가도 어느 순간 다른 것을 하고 싶은 마음이 생기면 계획했던 일정에 차질이 생길 수 있다. 이럴 때 부모는 아이의 반발을 일으킬 수 있는 지나친 간섭이나 잔소리보다는 아이에게 무슨 일이 있는지 세심하게 관찰해보고, 스스로 세운 학습계획을 감정에 따라 갑자기 바꾸지 않고 차분하게 실천할 수 있도록 도와주어야 한다.

학습동기부여

4번 유형의 아이는 평범한 것을 기피하는 경향이 있다. 이들은 겉으로는 표현하지 않더라도 속으로는 자기를 친구들과는 다른 특별하고 멋진 사람이라는 생각을 하고 있다. 주변 사람들에게서 특별하고 대단한 사람으로 인정받기를 바라는 마음이 있다. 이들에게 학습동기가 일어나기를 원하면 먼저 공감과 이해를 통해서 이들의 마음을 움직여야 할 것이다.

4유형의 아이는 선생님이 자신에게 다른 친구들보다 특별히 더 많은 관심을 갖고 있다는 것을 느끼게 해주면 더욱더 열심히 공부할 수 있는 동기를 얻을 수 있다. 이들은 감정적으로 섬세하기 때문에 이들의 독특한 생각이나 결과물에 대해서 "너는 왜 다른 친구들하고 다르지? 남들이 하는 것처럼 좀 해봐."라고 핀잔을 주면 매우 크게 상처를 받는다. 오히려 이들에게 "어머 어떻게 그런 특별한 생각을 했어. 선생님은 생각도 못해본 건데.

역시 겨울이는 특별한 능력을 가지고 있어~. 대단해~!"라고 인정을 해주면 4유형 특유의 창의적인 능력을 발휘해서 더욱더 잘 할 수 있는 동기부여가 될 것이다.

　또한 4유형의 아이가 모르는 것을 질문하면 주변에서 차분하게 천천히 설명을 해주고 서두르지 않고 기다려주면 공부할 때 큰 힘이 된다. 특히 4유형의 아이가 감정의 기복이 심할 때 이들과의 대화를 통해 이들의 이야기를 진지하게 들어주면서 공감하고 이해하고 있다는 표현을 하는 것이 중요하다. 그리고 따뜻한 마음과 표현으로 위로와 지지를 해주면 이들이 힘든 상황을 이겨낼 수 있는 동기를 얻는 게 된다.

4유형의 대표적 인물

마이클 잭슨
(Michael Joseph Jackson, 1958-2009)

　잭슨은 1964년 잭슨 파이브 팀의 막내로 데뷔하여 싱어송라이터, 음악 프로듀서, 배우로 활동하였으며, 팝의 황제로 불린다. 그레미 어워드에서 13개 상을 수상하는 등 기네스 세계기록에 가장 많은 상을 수상한 아티스트로 기록되어 있다. 그는 문화계를 비롯하여 전 세계의 뿌리 깊은 병폐로 남아 있던 인종차별로 인한 장벽을 무너뜨리며 흑인의 성공적인 사회 진출의 선구자 역할을 하였다. 그는 흑인이었지만 백반증으로 인해 피부색이 백색이 되었다. 잭슨은 외모적인 변화와 개인적 인간관계, 행동 등 사적인 부분에서 많은 논란을 불러일으켰다.

마사 그레이엄
(Martha Graham, 1894-1991)

그레이엄은 현대무용의 창시자 중의 한 사람으로 손꼽히며, 20세기 최고의 독창적인 무용가 중 한 사람으로 인정받는다. 데니숀 무용단 등에서 활동하면서 독무·군무를 포함하여 140개 이상의 작품을 발표하였고, '수축과 이완'을 현대무용의 중요한 원리로 도입하였다. 1926년 그녀는 자신의 이름을 딴 '마사 그레이엄 무용단'을 창단하였다. 그레이엄의 춤의 소재에 한계는 없었다. 그녀는 무대미술과 음악, 표정연기까지 신경을 썼고, 이때부터 무용은 음악, 미술, 연극의 요소를 다 가진 종합적인 예술작품으로 인정받았다.

4유형이 선호하는 직업

광고 및 홍보전문가, 국악인, 금속 및 보석세공사, 레크리에이션 강사, 애니메이터, 메이크업 아티스트, 모델, 무용가, 미용사, 사진작가, 쇼핑호스트, 연예인, 연주가, 음향 및 녹음기사, 인테리어 디자이너, 작가, 작곡가, 제과 제빵사, 제품디자이너, 조리사, 직업상담사, 패션디자이너, 플로리스트[3)]

3) 한국형에니어그램 성격유형검사(KEPTI)

5유형 아이의 학습태도

5유형인 재혁이는 요즘 걱정거리가 하나 생겼다. 학교에서 '우리의 환경을 위하여 생활 주변에서 찾을 수 있는 효율적인 재활용 방안에 대하여 조사하시오.'라는 주제로 자료를 정리해서 제출하라는 수행평과 과제를 받았기 때문이다. 나름대로는 인터넷 검색도 하고 책도 찾아보면서 자료를 모았지만, 어딘가 부족하고 마음에 들지 않는다. 심지어 인터넷으로 국회도서관에 들어가서 논문까지 찾아보았다고 이야기하는 것이다.

나는 재혁이에게 "이 과제를 언제까지 제출하는 것인지?", "재혁이 생각에는 스스로 최선을 다했다고 생각하는지?" 등 몇 가지 질문을 하였다. 재혁이는 "이틀 후인 금요일까지 제출해야 해요. 그리고 제가 할 수 있는 만큼 어느 정도는 최선을 다한 것 같은데, 아직 내용에 깊이가 없어서 마음에 들지 않아요."라고 이야기한다. 그래서 재혁이에게 "선생님은 재혁이에게 학자 수준의 논문을 기대하는 것이 아니고, 주어진 시간 안에 최선을 다해서 과제를 준비하여 제출하면 된다고 생각한단다. 아무리 더 연구하고 조사해서 자료를 수집해도 제출기한이 지나버리면 과제로서 의미가 없어지지 않을까?", "내일 하루 동안 잘 정리해서 마감날짜에 제출해야지 그동안 재혁이가 열심히 준비한 것이 빛을 볼 수 있지 않을까?"라고 재혁이가 결정하는 데 도움을 주었던 기억이 떠오른다.

공부할 때의 특징

5유형의 아이들은 이미 언급한 바와 같이 지적 호기심이 풍부하고 깊이 있게 탐구하고 분석하는 경향이 있다. 그리고 흥미로운 정보를 수집하는 것을 좋아한다. 논리적으로 분석하고 실험하는 것을 좋아하기 때문에 수학이나 과학과목 등에 흥미를 느낀다. 이들은 공부하다가 어려운 문제를 만나면 선생님에게 질문을 하거나 혼자서라도 자료를 수집하고 고민하면서 문제를 해결해나가는 것을 선호하고, 또한 그것을 해결할 수 있는 능력을 지니고 있다.

5유형의 아이는 스스로 노력하고 고민하면서 학업 역량을 높이는 것을 좋아하기 때문에 선생님이 일방적으로 지식을 전달하는 방식의 수업은 불편해 할 수 있다. 그리고 수업 중에 선생님이 질문을 하거나 발표를 시키면 내용이 머리 속에 아직 정리가 되지 않은 상태에서는 발표하기 힘들어 한다. 이들은 학교 수업을 마친 후에 친구들과 소통하고 어울리면서 공부하는 학원보다는 혼자만의 시간을 가지고 그날 배운 내용을 스스로 다시 학습하는 것을 좋아한다.

종종 수학이나 과학 공부를 하다가 특유의 지적 호기심이 발생한 나머지 필요 이상으로 깊은 수준의 내용까지 파고 들어가는 경우가 있다. 나쁘다고 이야기할 수는 없지만, 교과성적이 실력만큼 나오지 않고 본인이 그것으로 인하여 스트레스를 받을 때는 학습범위를 너무 확장하는 것을 조금 조절할 수 있도록 논리적으로 설명해주는 것도 필요하다.

 ## 과제할 때 나타나는 특징적인 모습과 해결방안

5유형의 아이는 친구들과 어울려서 작업하는 것을 힘들어 하기 때문에 조별로 주어지는 과제보다는 개인적으로 진행하는 과제를 더 좋아하고, 효율적인 성과  물이 나오기도 한다. 또한 이들은 이미 언급하였듯이 자료를 광범위하게 조사하고 깊이 있게 연구하는 스타일이다. 이들은 주어진 과제에 대하여 지적 호기심이 발동하면 끊임없이 방대한 자료를 수집하고 정리한 다음에야 과제를 마무리할 수 있다. 그러다가 가끔은 호기심이 지나치게 작동해서 주어진 과제의 범위를 벗어나서 다양한 분야로 영역을 확대하기도 한다.

그러다 보면 종종 과제를 마무리해서 제출해야 할 시간이 다가와 마음은 점점 초조해 질 수 있다. 또는 너무 다양한 분야를 탐구하다 보면 어느 순간 주제를 벗어나서 곁가지에 해당하는 것을 조사하고 있는 모습도 볼 수 있다.

이들에게는 '과유불급(過猶不及)'이란 말처럼 '너무 지나치면 미치지 못하는 것과 같다.'는 의미를 새겨둘 필요가 있다. 5유형의 아이는 때로는 너무 지나치게 탐구하는 것을 주의해야 한다. 선생님이나 주변에서 "너는 충분히 과제를 잘 준비하고 있으니 너무 걱정하지 말고, 지금 주제를 너무 벗어나지 않았는지 친구들과 정보도 교환하면서 한번 확인해 보렴. 그리고 너는 이미 충분히 잘하고 있단다."라고 말해 주면서 내용을 확인하게 하고 격려해 주면 좋다.

 ## 학습목표와 계획을 세우고 실천하기

5유형 아이는 준비를 하고 자료를 정리하는 데 많은 시간을 보낸다.

계획을 세우고 그대로 실행해야 하는데, 계속 머리 속으로 계획을 준비하는 데 시간을 보낼 수 있다. 이런 상황의 해결방안은 지나치게 생각만 하지 말고, 구체적이고 명확하게 계획을 세워 그것을 빨리 행동으로 옮겨 실천하는 추진력을 의식적으로 연습할 수 있도록 주변에서 도움을 주는 것이 필요하다.

이들은 계획을 실천할 때에도 정해진 시간에 해야 할 내용을 공부하다가 너무 몰두하여 다음 일정으로 넘어가지 못할 때가 있다. 그 시간에 해야 할 내용의 범위를 명확히 하고, 너무 주변으로 확장해서 공부하느라고 다른 일정이 진행이 안 되는 것을 주의해야 한다.

 학습동기부여

5유형의 아이는 지적 호기심이 많고 어떤 주제에 대하여 깊이 있게 탐구하는 것을 즐겨 한다. 그리고 이들은 학교의 야간 자율학습이나 학원처럼 학생들이 많이 있는 곳에서 공부하는 것을 불편하게 느낄 수도 있다. 이들은 집과 같이 혼자만의 공간에서 조용하게 공부할 수 있는 환경을 선호한다.

그렇기 때문에 친구들이나 주변 사람들과 어울리는 사교성이 부족해져서 그동안 탐구한 내용을 이야기할 기회가 없을 수도 있다. 이들에게는 자신의 능력을 주변에 보여 줄 수 있는 기회를 마련해 주는 것이 동기부여에 도움이 될 수 있다. 부모는 가정에서 식사할 때나 가족이 모여서 대화를 할 때 아이가 학습한 내용에 대한 자기의 의견을 이야기할 수 있는 상황을 만들어 주는 것이 좋다. 그리고 아이가 어떤 주제에 대하여 공부한 것을 이야기할 때는 진지하게 경청하고 칭찬해 주는 것이 아이에게 더 잘 하고 싶은 동기가 형성될 수 있는 계기를 만들어 준다.

5유형의 아이는 친구들이나 주변 사람들에게 전문가로 인정을 받기를 마음속으로 원한다. 그렇기 때문에 아이가 공부하는 것을 힘들어할 때는 "지금 조금만 더 견디면서 열심히 공부해서 네가 미래에 희망하는 분야에서 훌륭한 전문가가 된 모습을 생각해 보고, 또한 주변 사람들에게 지식을 전달하고 인정을 받는 모습을 상상해볼래."라고 이야기하는 것도 아이에게 동기부여를 할 수 있는 방법이다. 이들은 더욱 능력 있는 사람이 될 수 있다고 인정하고 칭찬해 주면 자신감을 가지고 더 열심히 노력할 것이다.

5유형의 대표적 인물

알베르트 아인슈타인
(Albert Einstein, 1879-1955)

독일 태생으로 스위스와 미국에서 활동한 이론물리학자이다. 그의 일반 상대성이론은 현대 물리학 형성에 지대한 영향을 끼쳤다. 아인슈타인은 취

리히 연방 공과대학교를 졸업했지만 대학시절 특별하게 두각을 나타내지 못했었다. 다음과 같은 말을 남기기도 했다. "나는 천재가 아닙니다. 다만 남보다 오래 한 가지 일을 한 것뿐입니다." 1921년 광전효과에 관한 기여로 노벨 물리학상을 수상하였다. 아인슈타인은 생애 동안 300개 이상의 논문을 포함하여 다양한 업적과 활동으로 학문의 발전에 기여했으며, 현대에도 천재적 인물의 대명사로 잘 알려져 있다.

빈센트 반 고흐
(Vicent Willem van Gogh, 1853-1890)

반 고흐는 네덜란드 화가로, 서양미술사상 가장 위대한 화가 중 한 사람으로 여겨진다. 그는 훌륭한 미술교육을 받은 적이 없었고, 옛 화가들의 그림을 자세하게 살펴보고 모사하면서 독학으로 익혔다. 반 고흐는 900여 점의 작품과 1,100여 점의 습작들을 정신질환을 앓고 자살을 하기 전까지 10년 동안 창작해냈다. 그는 살아 있을 때는 성공을 거두지 못하였다. 그가 죽은 지 11년 후인 1901년 파리에서 71점의 그림을 전시한 이후 그의 명성은 빠르게 높아졌다. 반 고흐는 인상파, 야수파, 초기 추상화, 표현주의에 미친 영향이 엄청나서 20세기 미술을 여러 다른 관점에서 보이게 하였다.

💡 5유형이 선호하는 직업

가상현실 전문가, 건축감리 기술자, 국제무역가, 공학기술자, 기자, 농장경영자, 변호사, 비행기 조종사, 산업안전원, 상품중개인, 성직자, 손해사정인, 스포츠에이전트, 의사, 자산 운용가, 자연과학연구원, 정보보호 전문가, 증권 분석가, 품질관리 사무원, 학원강사, 회계사무원[4]

---

4) 한국형에니어그램 성격유형검사(KEPTI)

6유형 아이의 학습태도

 공부할 때의 특징

　내가 만난 정환이는 6유형의 아이로, 특별히 눈에 띄지 않으면서 선생님이 필요한 것을 챙겨주기도 하면서 성실하게 수업에 참여하는 학생이었다. 그런데 가끔씩 수업을 하다 보면 정환이 눈의 초점이 약간 멍할 때가 있었다. 이때 이 학생이 내용을 완전히 이해하기 위해서 잠깐 정리하고 있는 것인지, 아니면 다른 생각하고 있는 것인지를 순간적으로 파악해야 했다. 경험이 있는 선생님들이라면 이런 상황에서 바로 판단이 가능하다. 만약 다른 생각으로 멍 때리는 것이면 정환이가 창피하게 생각하지 않게 돌려서 "자~! 여러분, 정신들 차리고 다시 수업에 집중합니다."라고 하면 바로 바른 자세로 돌아오기 마련이다. 이들이 종종 자신도 모르게 다른 생각에 빠져들 때가 있다.

6유형의 아이는 공부할 때에도 선생
님이나 책같이 외부의 도움을 받는 학습
방법을 선호한다. 그래서 혼자서 공부하
기보다는 선생님의 강의를 통해서 기본
지식을 습득하고 학습역량을 높이는 것
을 좋아한다. 그리고 이들은 수업이 끝나면 들은 내용은 완전히 이해할 수
있도록 혼자서 생각하고 정리하는 시간을 필요로 한다. 이들에게 선생님이
질문을 할 때는 바로 답변을 요구하기보다는 조금 생각할 시간을 주고 스
스로 대답할 수 있도록 기다려 주는 것이 필요하다. 왜냐하면 이들은 스스
로 생각하고 이해가 된 다음에 정리해서 대답하는 성향이 있어서 종종 생
각할 시간을 필요로 하기 때문이다.

문제는 수업을 듣거나 혼자서 공부를 하다가도 어느 순간 다른 생각에
빠져 있는 경우가 종종 발생한다는 것이다. 이럴 때는 스스로 빨리 이 상황
을 알아차리고 일단 다른 생각은 뒤로 미루고 하고 있던 공부를 마무리한
다음에 다른 생각을 하도록 훈련하는 것이 도움이 된다.

6유형의 아이는 학교생활을 할 때에 주도적으로 앞에 나서려고 하지
않고, 한 걸음 물러나서 다른 사람 눈에 띄지 않게 중요한 역할을 하는 것
을 선호한다. 이러한 성향은 수업시간에 자신이 아는 내용이 나와도 혼자
나서는 모습을 보이기 싫어서 친구들에게 기회를 양보하거나 가만히 있는
편이다.

과제할 때 나타나는 특징적인 모습과 해결방안

　　6유형의 아이는 책임의식이 강하고 선생님에 대하여 충성하는 성향이 있기 때문에 주어진 과제를 잘 해결하려고 노력한다. 그러나 명확하지 않은 주제나 방향성이 정확하지 않은 과제를 만나면 힘들어 할 수 있다. 선생님이 과제를 주면서 예를 들어준다거나 참고도서나 사이트를 알려주면 좀 더 수월하게 과제를 시작할 수 있다. 다시 말하면 이들은 기본정보를 주면 그것에 기초해서 과제를 해결해 나아가는 것을 선호한다. 때로는 선생님에게 질문을 해서 과제의 방향을 잡는 데 도움을 얻고자 한다.

　　이들은 시간에 대한 관념이 정확하기 때문에 처음부터 과제 제출마감 시간을 의식해서 미리 미리 준비하는 모습을 보인다. 그리고 돌다리도 두들겨보고 건너는 불안을 느끼는 이들의 성향 때문에 계속 정보를 입수하여 정확하게 완성되었는지, 빠진 것은 없는지 확인하고 다시 확인하는 모습을

보인다. 그러다 보면 종종 과제 마감시간이 되어도 아쉬움이 남아 자꾸 시간에 쫓기는 일이 생긴다. 이들은 주어진 과제를 충실히 수행하려고 노력하는 모습을 보이기 때문에 그 결과물에 대해서 선생님이 잊지 않고 칭찬해주면 아이에게 큰 힘이 될 것이다.

불안해 하는 6유형의 아이에게 선생님이나 주변에서 "너는 항상 성실하고 주어진 일을 잘 해왔으니까 너무 걱정하기 말고 너 자신을 믿어. 그리고 어려운 일이 있으면 언제든지 선생님이 도와줄게."라고 말해주면 이들이 불안해하는 마음을 안정적으로 다스리는 데 커다란 도움이 될 수 있다. 또한 아이가 질문을 했을 때 다 알려주려고 하지 말고 과제에 대한 간단한 팁만 줘도 아이 스스로 해결해 나가는 데 도움이 된다.

6유형 아이의 충성가적인 면은 선생님을 대할 때에도 나타난다. 처음에는 조심스럽게 다가가지만 어느 순간 선생님과의 신뢰가 구축되면 그 누구보다도 잘 믿고 따른다. 그러나 아이가 학교나 학원 생활을 많이 힘들어하면 선생님과의 관계를 살펴보는 것도 하나의 해결책이 될 수 있다. 학원의 경우는 갑자기 그만 다니겠다고 할 수도 있다. 어떤 일이 생겨서 선생님과의 관계가 틀어지면 완전히 정반대의 모습을 보이면서 매우 불편해 하는 모습을 보일 수도 있다.

학습목표와 계획을 세우고 실천하기

6유형의 아이는 걱정이 많고 불안한 감정을 가지고 있다. 공부를 할 때 어떻게 시작해야 할지 걱정하는 아이에게는 목표를 구체적으로 세우게 하고 학습계획을 세워서 실행에 옮길 수 있도록 도와주는 것이 필요하다.

승현이는 6유형의 아이다. 부모님은 승현이에게 공부에 대하여 특별한 압박이나 스트레스를 주지 않고 스스로 판단하여 결정하도록 지원해주었다. 승현이는 요즘 국어 성적이 너무 오르지 않아서 힘들어 하고 있다.

"승현아. 지난 번에 국어 성적 때문에 고민이 있었던 걸로 기억하는데 요즘은 어떻게 공부하고 있지?"하고 물어 보았더니 다음과 같이 대답했다. "선생님, 사실은 중간고사 끝나고 5월부터 바로 국어학원을 다니면서 보충하려 했는데, 여기저기 알아만 보고 이제 곧 기말고사인데 아직도 등록을 못했어요." 나는 속으로 당황스러웠다. 2달 동안 고민만 하고 있었던 것이다. 그래서 구체적으로 코칭을 시작했다. "국어학원은 어디를 다니기로 결정했는지?", "승현이 생각에 언제 등록하고 시작할 수 있는지?" 등…. 승현이는 스스로 학원에 등록하고 나면 나에게 수강증을 보여주기로 나와 약속했다. 승현이는 약속대로 바로 그다음 주에 학원에 등록하고 아주 열심히 다니기 시작했다. 이런 약간의 관심과 도움이 학생에게는 커다란 해결의 실마리가 될 수 있다는 것을 다시 느꼈다.

6유형의 아이는 장기적 계획을 세밀하게 세우고 꾸준히 노력하면서 목표를 완성하는 경향이 있다. 그리고 어떤 것이 제대로 진행이 안 되었을 경우까지 미리 예상하고 그 대비책까지 준비하는 성격이다. 그러나 때로는 계획은 이미 다 세워져 있음에도 뭉기적거리면서 시작을 하지 못하는 경우가 종종 발생한다. 그러는 사이에 시간은 계속 흘러가서 스스로 초조해 질 수도 있다. 이런 모습은 우유부단한 태도로 외부에 비춰서 주변에서 좀 답답하게 느낄 수도 있다. 이들은 자신의 생각을 전적으로 신뢰하고 의식적으로 계획한 것을 바로 행동으로 실천하는 연습을 할 필요가 있다.

6유형의 아이는 동시에 여러 가지 목표를 세워서 진행하는 데 능숙하지 못하다. 그래서 여러 가지 일이 동시에 생기면 머릿속에 이 생각 저 생각이 오락가락하면서 일에 대한 집중도가 현저히 떨어진다. 이런 상황이 생기면 일의 우선순위를 정하게 하여 한 가지 일을 마무리하고 다음 일을 진행할 수 있도록 계획을 세우게 하는 것이 이들에게는 효율적이다.

그리고 이들은 마치 시간의 노예가 된 것처럼 시간에 지나치게 민감할 때가 있다. 학습계획을 세우라고 하면 시간이 아깝기라도 한 것처럼 너무 빈틈없이 일정을 짜는 경향이 있다. 이렇게 하면 중간에 예측하지 못한 변수나 시간에 대한 걱정만 하다가 계획된 일정을 완수하지 못하는 경우가 생긴다. 때로는 시간을 100% 다 사용하려고 하지 말고 70~80% 정도만 사용하고, 혹시 모를 변수에 대비해서 나머지 시간은 여분으로 준비하도록 지도하면 된다.

6유형의 아이는 자기 자신에 대한 신뢰가 부족해서 불안해 하면서 주변 사람들에게 의견을 많이 물어본다. 이들의 불안해 하는 마음을 공감하고 이해해주면서 너무 주변 사람들의 시선을 의식하지 않아도 된다는 사실을 알려주는 것이 좋은 방법이다. 그리고 아이가 한 결정은 적극적으로 지지해주고 격려해주면, 그 결정을 실천할 때 큰 힘을 얻을 수 있다.

6유형의 아이가 시험공부를 할 때에 걱정과 불안 때문에 집중하지 못하면, 누군가 도움을 받으면서 공부할 수 있는 환경을 만들어 주면 된다. 예를 들어 학교나 학원에서 선생님의 도움을 받게 하거나 친구들과 같이 공부할 수 있게 하는 것이 아이의 불안을 해소하는 데 도움이 된다. 6유형의 아이는 주변의 반응을 의식하고 의지하려는 경향이 있으므로 아이가 불안해 할 때 부모가 아이의 마음을 이해해주고, 명확한 의사표시로 지지와 격려를 해주면 큰 힘이 된다.

6유형의 아이는 믿고 따르는 권위자에게 크게 의지하는 경향이 있다. 선생님이 아이를 지도해주면서 할 수 있다는 자신감과 지금 현재 잘하고 있다는 격려를 하면 아이가 6유형의 불안과 두려움을 극복하고 앞으로 나아가는 데 커다란 힘이 될 것이다. 그리고 아이가 조용히 어떤 과제를 마무리하거나 발표했을 때 그것을 놓치지 않고 구체적으로 칭찬해주면 마음속으로 굉장히 기뻐하면서 앞으로 학습을 할 때 아주 커다란 동기를 부여받을 것이다.

톰 행크스
(Tom Jeffrey Hanks, 1956~)

미국의 배우이자 영화 제작자이다. 〈시애틀의 잠 못 이루는 밤〉(1989), 〈아폴로 13〉(1993), 〈라이언 일병 구하기〉(1998) 등에 출연했으며, 2001년 미니 시리즈 〈밴드 오브 브라더스〉로 감독 겸 프로듀서, 시나리오 작가로 데뷔하였다. 행크스의 영화는 미국과 캐나다의 박스오피스에서 46억 달러 이상, 전 세계에서 92억 달러 이상을 벌어들여 북미지역에서 네 번째로 높은 수익을 올리는 배우가 되었다. 미국 아카데미상 남우주연상을 수상하는 등 많은 영화상을 받았다.

이순신
(李舜臣, 1545-1598)

조선 중기의 무신이었다. 1576(선조9년) 무과에 급제하여 전라좌도수군절도사를 거쳐 삼도수군통제사에 이르렀다. 임진왜란 때 조선의 삼도수군통제사가 되어 부하들을 통솔하는 지도력, 뛰어난 지략, 그리고 탁월한 전략과 전술로 일본 수군과의 해전에 연전연승하여 나라를 구한 성

웅으로 추앙받고 있다. 정치적인 모략으로 백의종군을 하게 되었고, 노량해
전에서 적의 탄환에 맞아 전사하였다. 노량해전을 끝으로 7년의 임진왜란
은 끝나고, 1643년 인조는 그에게 '충무'시호를 내려 충무공이 되었다.

6유형이 선호하는 직업

간호사, 교육행정 사무원, 기록물 관리사, 동물사육사, 물리치료사, 병
원행정 사무원, 보건교사, 보육교사, 사회복지사, 수의사, 약사, 역사학 연
구원, 영양사, 운동코치, 원예전문가, 음악치료사, 작가, 전문비서, 직업상
담사, 초중고교사, 촬영기사 및 방송장비기술자, 판사, 검사, 편집인, 한의
사, 항공 사무원, 행정공무원[5]

---

5) 한국형에니어그램 성격유형검사(KEPTI)

7유형 아이의 학습태도

공부할 때의 특징

7유형의 아이는 공부할 때에 자신의 호기심을 충족시켜 주면서도 활기차고 즐거운 시간을 보내기를 좋아한다. 그래서 혼자 집이나 도서관에서 공부하는 것보다는 학교나 학원에서 친구들과 어울려서 서로 토론도 하면서 즐겁게 공부하는 것을 선호한다. 이들은 선생님이 일방적으로 지식을 전달하는 단조로운 수업형태보다는 서로 질문도 하고 답변도 하는 역동적인 형태로 학습할 때 더욱 효과적으로 공부하는 모습을 보인다. 그래서 학교에서 컴퓨터나 영상매체 등 다양한 학습환경에서 수업을 들을 때 더욱 효율적인 학습을 할 수 있다.

7유형의 아이는 오랜 시간 한자리에 앉아서 집중하면서 공부하는 것을 힘들어 할 수 있다. 이들은 책상에 바로 앉아서 공부하기 보다는 누워서 하거나 음악을 들으면서 하는 것처럼 다  양한 모습으로 공부를 하기도 한다. 부모의 눈에는 아이가 집중하지 못하고 산만하게 공부하는 것처럼 보일 수도 있다. 이때 부모의 기준으로 혼을 내거나 명령하는 식으로 이야기하면 아이가 반발할 수도 있으니, 서로 대화를 통해서 아이를 이해하고 의견을 존중해주는 방식으로 협의해서 방향을 찾아가면 된다.

그리고 오랜 시간 동안 집중하지 못하는 이들에게 짧은 시간이라도 공부를 한 후에 쉬었다가 할 수 있도록 분량이나 시간을 나누어서 공부하도록 지도하고, 이들만의 스타일에 맞도록 공부환경도 바꾸어 가면서 공부할 수 있도록 해주는 것도 효과가 있다.

7유형의 아이는 새로운 공부나 운동을 배울 때에도 빠른 속도로 적응하고 습득하는 모습을 보여준다. 그리고 문제가 발생해도 그것을 해결하는 능력도 탁월하다. 그래서 이들은 문제를 풀 때 선생님이 일방적으로 해결해주는기보다는 아이에게 스스로 해결할 수 있는지 물어보고 기다려주는 것도 좋은 방법이다. 7유형의 아이는 지나치게 통제하려고 하면 반발이 생겨서 오히려 역효과가 날 수 있다.

과제할 때 나타나는 특징적인 모습과 해결방안

7유형의 아이는 주어진 과제를 집중해서 한 번에 마무리하는 것을 어려워할 수 있다. 왜냐하면 이들은 과제를 하는 중간중간에 새로운 흥밋거리가 생기면 그쪽으로 생각이 자꾸 옮겨 가

기 때문이다. 이때 부모는 "하던 것을 마치고 다른 것을 해야지!"라고 꾸중하기보다는 아이가 잠깐 쉬었다가 할 수 있도록 하는 것도 좋은 방법이다. 반면 7유형의 아이는 과제가 흥미로우면 시간 가는 줄도 모르고 과제에 푹 빠져서 진행하기도 한다.

7유형의 아이는 항상 다양한 아이디어가 떠오르고 동시에 여러 가지 일을 할 수 있는 재능이 있다. 그러나 그러한 이유 때문에 주어진 과제를 제출해야 하는 시간까지 집중하지 못하고 끝내 과제를 완성하지 못할 수도 있다.

7유형의 아이에게 도움을 주기 위해서는 우선해야 할 일의 순서를 정하고 시간을 조절해서 과제를 할 수 있도록 지도하는 것이 좋다. 또한 과제 제출시간은 정해져 있고 일정에 맞추어 하지 않으면 과제를 못할 수도 있다는 사실을 인식시켜줄 필요가 있다. 이들에게 과제는 항상 마감시간이 정해져 있으므로 그것을 지킬 수 있도록 강조하고 연습시켜야 한다.

그러나 주의해야 할 것은 이들에게 지나친 강요는 반발을 일으킬 수 있으므로 바람직하지 못하다. 항상 아이의 의견을 들어주고 아이가 스스로 과제를 해나갈 수 있도록 곁에게 도와주는 것이 매우 중요하다.

 ## 학습목표와 계획을 세우고 실천하기

7유형의 아이는 이미 언급하였듯이 항상 새로운 생각이 넘쳐나고 즐거움을 추구하는 성향이 있다. 학습계획을 세워 놓고 실천할 때에도 머릿속에 또 다른 아이디어들이 넘쳐나다 보니 어느새 배가 산으로 가는 일이 종종 발생한다. 중간에 목표나 계획이 다른 것으로 변경되지 않도록 아이가 처음에 세운 목표와 계획을 잘 지켜서 실행할 수 있도록 반복 연습하여 익숙해질 수 있도록 도와주는 것이 필요하다.

7유형의 아이는 이미 이야기하였듯이 오랜 시간 동안 한 곳에서 앉아서 공부하는 것을 매우 힘들어 할 수도 있다. 부모는 이들이 계획을 세울 때 공부하는 시간을 너무 길게 잡지 말고, 중간중간에 조금씩 쉬면서 공부할 수 있도록 도와주는 것이 좋다. 그리고 학습 패턴도 혼자서 공부하는 시간도 중요하지만 친구들과 같이 소통하면서 공부하는 형태도 적절하게 섞어서 계획을 세우면 학습효율을 높일 수 있다.

7유형의 아이에게 계획을 세우고 실천할 때 주변에서 잔소리나 압박을 가하면 반항심이 생길 수 있다. 답답한 마음에 계획을 부모가 직접 세워주는 부모도 있는데, 아이 스스로 새롭고 다양한 방법을 시도하면서 계획을 세울 수 있도록 옆에서 지도하여야 아이가 자발적으로 계획을 실천하는 데 도움이 된다. 학습계획을 즐겁게 실천할 수 있는 상황을 만들어 주는 것이 이들에게는 더 효율적이다.

민기는 내가 학습 코칭을 진행하던 남자아이였다. 처음에는 본인이 원하는 학교가 아니었기 때문에 고민이 많았지만, 금방 적응해서 친구들과도 잘 지내고 성적도 상위권을 유지하고 있었다. 어느 시점에서 국어와 영어 공부를 위해서 학습계획을 세우는 세션을 진행하였다. 대화를 나누면서 민기는 일주일에 어느 요일, 어느 시간에 어떤 공부를 할 것인지 적극적으로 본인이 계획을 세웠다. 마지막에 계획대로 학습이 진행되었는지 확인하는 작업을 하고 있었다.

"민기야, 매일 계획대로 실천한 것을 어떤 방법으로 확인하면 좋을까?" 하고 물어 보았더니 민기는 잠간 멈칫거리다가 "선생님, 매일매일 공부한 내용은 제가 스스로 확인하면 안 될까요?", "저는 엄마나 아빠든 누가 확인하고 그러면 압박감에 엄청나게 스트레스를 받는 것 같아요."라고 이야기했다. 나는 여기서 7유형인 민기의 자율성을 존중하고 아이를 지나치게 구속하는 않는 범위 내에서 피드백을 진행하였다.

7
유형

학습동기부여

7유형의 아이는 집중해서 오랜 시간 공부하는 것을 어려워하고 산만한 모습을 보이는 경향이 있다. 그래서 아이가 공부할 때에는 주변에 컴퓨터나 게임기 그리고 핸드폰 같이 아이를 유혹하는 물건들을 두지 않고 쉬는 시간에 사용할 수 있도록 학습환경을 조성해 주는 것이 좋다. 책상 위에도 지금 공부할 책과 필기도구 정도만 있도록 한다. 그리고 다른 책이나 악세사리 등은 공부하다가 호기심을 발동시켜 자꾸 주위를 돌리게 하여 산만해지는 원인이 될 수 있으니 눈에 안 보이도록 잘 정리해 놓아야 한다.

그런데 이러한 환경을 부모가 강제로 만들려고 하면 아이의 반발심을 불러일으킬 수 있으니 시험기간같이 아이 스스로도 공부해야 한다는 절박함을 느끼는 시기에는 아이와 상의해서 앞에서 언급한 학습환경을 조성한다. 그리고 이들에게 매우 중요한 쉬는 시간을 잘 배치하여 아이가 지치지 않도록 할 필요가 있다.

7유형의 아이는 영상매체 등 다양한 멀티미디어를 사용해서 학습하면 더 효과적으로 동기를 부여받을 수 있다. 심지어 주변이 혼란스럽고 시끄러운 상황에서 오히려 더욱 집중해서 공부할 수도 있다. 이들은 호기심과 재능이 풍부하고 새로운 것을 빨리 습득하는 경향이 있다.

이런 아이에게는 주변에서 재능을 인정해주면 성취감을 느끼게 된다. 또 용기와 격려를 해주면 아이는 더욱 즐겁고 신이 나서 지속적으로 새로운 동기를 부여받을 수 있다. 아이가 성적이 오르거나 목표한 것을 달성하였을 때는 그 결과에 대하여 인정과 칭찬을 해주면 다음에는 더 열심히 하려고 할 것이다.

7유형의 대표적 인물

리처드 파인만
(Richard Phillips Feynman, 1918-1988)

미국의 물리학자이고, 여러 대중적인 저작물들을 통해 대중들에게 어려운 과학을 쉽게 전달하려고 하였던 과학자이다. 양자전기역학에서의 공로로 1965년 슈윙거, 도모나가 신이치로와 함께 노벨 물리학상을 공동수상하였다. 아인슈타인과 함께 20세기 최고의 물리학자라고 일컬어진다. 그는 타고난 유머와 재치가 있었다. 파인만은 어려운 물리학에서 복잡한 수식으로 나타내야 할 것을 누구나 쉽게 알아볼 수 있도록 도식으로 만든 '파인만 다이어그램'을 만들었다.

짐 캐리
(Jim Carrey, 1962~)

캐나다 출신으로, 주로 미국에서 활동하는 배우 겸 코미디언이다. 짐 캐리는 3살 때부터 연기에 소질을 보이기 시작했는데, 학교 선생님이 활달한 성격을 가진 그에게서 재능을 발견했다고 알려져 있다. 15살에 토론토의 코미디 클럽에서 연기를 시작했다. 1995년 〈덤 앤 더머〉의 성공 이후 특유의 슬랩스틱 풍의 코믹연기를 강조하며 〈에이스 벤추라〉, 〈마스크〉, 〈라이어 라이어〉 등으로 할리우드에서 최고의 입지를 다졌다. 그리고 코미디물에만 어울릴 거라는 예상을 깨고 〈트루먼 쇼〉, 〈이터널 선샤인〉 등의 멜로물에서 진지한 역할을 맡으면서 배우의 입지도 함께 다져왔다.

7유형이 선호하는 직업

가수, 가축사육사, 감정평가사, 건축가, 공인회계사, 광고홍보 전문가, 마케팅리서치 연구원, 만화가, 부동산중개인, 사진작가, 사회복지사, 쇼핑호스트, 시각디자이너, 시장 및 여론조사 전문가, 심리상담사, 심리학자, 여행상품개발원, 촬영기사, 역사학자, 연기자, 연예인 매니저, 영화감독, 예체능계열 대학교수, 멀티미디어디자이너[6]

---

6) 한국형에니어그램 성격유형검사(KEPTI)

8유형 아이의 학습태도

공부할 때의 특징

8유형의 아이는 자기주장이 강하고 주체적으로 행동하는 경향이 있다. 수업시간에도 적극적으로 수업에 참여하겠다고 마음 먹으면 항상 분명하게 손을 들어서 질문하고 선생님의 질문에 대답을 한다. 이들은 교실 분위기를 시원스럽게 주도적으로 이끌어가기도 한다. 또 공부를 하다가 어려운 문제를 만나도 미리 포기하지 않고 강하게 밀고 나가서 해결해 나가려고 한다.

어려운 것을 스스로 해결했을 때 이들은 스스로 만족해 하는 모습을 보인다.

때로는 자신의 능력을 친구들 앞에서 과시하고 싶어 선생님 앞에서 수업내용에 대한 본인의 의견을 강하게 이야기하기도 한다. 그런데 그의 주장에 모순이 생겨서 선생님이 잘못된 부분을 바로 잡아 주어도 그것을 인정하지 못하고 계속 자신의 논리를 주장할 때가 있다. 이때 다른 친구들 앞에서 아이를 민망하게 몰아세우기보다는 그 시간이 지난 다음 개인적으로 차분하게 다시 설명해주는 것이 좋다.

과제할 때 나타나는 특징적인 모습과 해결방안

8유형의 아이에게 과제는 스스로 중요하다는 생각이 들어야 그것이 의미가 부여된다. 이들은 객관적으로 일의 중요한 순서와 관계없이 스스로 중요하다고 생각되면 그것을 중요시하고 우선해서 처리한다. 그리고 스스로 중요하

지 않다고 생각되면 반대로 관심을 갖지 않는다. 또한 쉬운 과제보다는 과제가 어려울수록 도전해 보려는 욕구가 강하게 일어나기도 한다.

8유형의 아이는 주어진 과제가 중요하다는 생각이 들면 오로지 이 과

제를 위해서 몸에 무리가 가더라도 밤을 새우면서 하고자 하는 과제를 거침없이 마무리하려고 한다. 그러나 이렇게 무리해서 과제를 마무리하고 나면 중간에는 모르고 지나갔지만 나중에 몸에 무리가 와서 아프거나 지치는 모습을 보이기도 한다. 이들이 선호하는 과제유형은 개인적인 과제보다는 팀과제를 선호하며, 팀에서는 리더의 역할을 맡는 것을 선호한다.

8유형의 아이는 과제를 제출해야 하는 시간에는 크게 영향을 받지 않기 때문에 언제까지 마무리해야 하는지에 대하여서 별로 신경을 쓰지 않을 수 있다. 그래서 이렇게 과제에 몰입해서 하다 보면 엉뚱하게도 과제를 제출해야 하는 날에 마무리가 안 될 수도 있다.

8유형의 아이에게 과제를 하라는 명령이나 잔소리는 크게 효과가 없고, 오히려 반발을 일으킬 수도 있다. 부모는 옆에서 이들이 세운 계획대로 진행하되 중요하게 놓치고 있는 것은 없는지 확인하게 하고, 과제를 제출하는 날짜도 중간에 확인할 수 있도록 이야기해 주면서 간접적으로 지원하는 것이 좋다. 이들은 본인이 하고자 하면 누가 지도해 주지 않아도 스스로 알아서 마무리하는 성향을 가지고 있다.

반면 과제를 하는 것에 지나치게 몰입해서 진행하다 보면 오히려 몸을 상하는 경우가 종종 있으니, 부모가 곁에서 지켜보다가 쉬어가면서 할 수 있게 조절해 주는 것도 도움이 된다.

8
유형

학습목표와 계획을 세우고 실천하기

8유형의 아이는 목표와 학습계획을 세울 때 본인이 주도적으로 세울 수 있도록 하는 것이 좋다. 부모의 지시나 간섭이 있으면 오히려 반항하거나 힘들어 할 수 있다. 본인이 스스로 알아서 구체적인 학습계획을 세우도록 유도하고, 부모는 옆에서 이들의 역량을 인정하고 격려하는 것이 이들에게는 도움이 된다.

그러나 때로는 너무 고집스럽고 융통성이 부족해서 어려움을 겪을 때도 있다. 스스로 세운 계획도 중간에 문제가 발생하면 주변의 도움을 받아서 수정하고 보완할 수 있는 융통성과 마음의 여유를 가질 수 있는 연습도 필요하다. 부모가 아이에게 일방적으로 말하고 잔소리하는 것이 아니라 아이의 의견을 존중하고 역량을 믿어주면 아이도 마음의 문을 열고 스스로 세운 계획을 실천하고 중간중간 확인하면서 성취해 나가는 모습을 보이기도 한다.

윤주는 나와 학습코칭을 하였던 아이다. 성적은 그리 좋지 못했지만, 항상 자신감도 넘치고 이야기도 잘 나누는 아이다. 우리는 먼저 학습계획을 세워 실천해 보기로 했다. 윤주가 원해서 내가 직접 계획실행 여부를 확인해 주기로 하였다. 코칭이 마무리되고 아이가 글을 보내왔다.

"선생님, 제가 잘 못하는 것에도 한 번도 핀잔을 주거나 싫은 소리를 안 해서 너무 좋았어요. 처음에는 학습계획이라는 것을 처음 세워 제가 실천할 수 있을지 잘 몰랐어요. 그런데 선생님이 매번 확인해 주시고 한두 번씩 계획대로 실천하는 모습을 보고 할 수 있다는 자신감이 생기기 시작했어요. 이제는 어느 정도 스스로 계획을 세우고 잘 하고 있습니다. 감사합니다. 선생님." 너무 고마운 편지였다. 아이의 잠재력을 믿고 격려한 것밖에 없는데, 윤주는 어느 순간부터 스스로 계획대로 실천하고 자신감을 찾아갔다. 아이를 존중하면서 코칭하는 동안 어디에서도 고집스럽고 화내는 그 아이의 모습을 본 적이 없다.

학습동기부여

8유형의 아이는 독립적인 성향이 강하기 때문에 다른 사람에게 통제받는 것을 매우 싫어한다. 그리고 스스로가 세상의 주인공이라 생각하기 때문에 주변환경에 크게 신경을 쓰지 않는 편이다. 그러나 이들은 부모가 공부하라고 강요하거나 잔소리를 하면 잔소리가 듣기 싫어서 시키는 대로 하는 경우도 있지만, 오히려 역효과가 날 수도 있다.

8유형의 아이에게는 주변에서 공부의 필요성을 알려주고 아이가 하고자하는 노력을 할 때 칭찬과 격려를 해주면 아이의 학습동기를 강화시켜

줄 수 있다. 이를 통해서 공부의 중요성을 스스로 인식하고 공부를 해야겠다는 결심이 서면 자기 주도적으로 공부를 시작한다. 그리고 이들은 자기가 공부한 지식을 친구에게 알려주면서 공부할 때 더욱더 동기가 부여되고 효율적으로 할 수 있다.

8유형의 아이는 스스로 공부를 해야 되겠다고 느끼면 엄청난 에너지를 쏟아가면서 열정적으로 한다. 하지만 아이의 열정이 너무 지나쳐서 지치지 않도록 관심을 갖고 조절해 주어야 한다.

8유형인 준호는 고등학교 1학년 때 문과를 선택할지 이과를 선택할지도 결정하지 못했고, 당연히 대학에서 무엇을 전공할지도 결정을 못했었다. "준호야, 그러면 나중에 막연하게라도 어떤 일을 하고 싶어?"라고 물었더니 "그냥 선생님이 되고 싶다는 생각은 있었어요. 근데 무슨 과목을 가르칠지 뭐 이런 것은 모르겠어요."라고 답하였다.

우리는 여기서부터 스스로 좋아하는 과목 선생님은 생각해 보도록 하고, 그 과목 선생님이 되려면 어떤 과목을 공부해야 하는지 확인한 다음 마지막으로 준호가 그 과목들 중에서 좋아하거나 관심이 있는 과목을 고르게 하였다. 물론 희망사항은 중간에 바뀔 수 있는 것이니 너무 신경쓰지 않아도 된다고 이야기해 주었다. 이러한 과정을 거치면서 준호는 스스로 목표를 찾고 공부해야 할 과목과 동기를 찾아갔다. 나는 이렇게 스스로 찾아가는 준호에게 칭찬과 격려를 멈추지 않았다. 이렇게 직접 통제하는 것

보다는 옆에서 도움을 주고 격려하는 것이 8유형 아이에게 동기부여가 될
수 있다.

8유형의 대표적 인물

나폴레옹 보나파르트
(Napoleon Bonaparte, 1769-1821)

프랑스 제1공화국의 군인이자
프랑스 제1제국의 황제였다. 코르시
카 섬의 하급 귀족 가문 출신의 군
인으로 프랑스혁명 시기에 벌어진
1793년 툴롱 포위전에 참여하여 승
리를 이끈 후 24살의 나이게 장군

8유형

이 되었다. 이후 이탈이아 원정과 제1차 대프랑스 동맹전쟁에서 연승을 하
면서 국민적 영웅이 되었다. 쿠데타를 통해 제1통령이 된 후 종신통령을 거
쳐서 황제에 즉위했다. 나폴레옹은 1813년 라이프치히 전투에서 패배한 후
실각하여 엘바섬으로 유배되었다. 이후 다시 권력을 잡았다가 워털루 전투
에서 패배하면서 마지막에 외딴 섬인 세인트 헬레나 섬에 유폐되어서 시간
을 보냈다.

어니스트 헤밍웨이
(Ernest Miller Hemingway, 1899-1961)

　　미국 육군 상사로 예편한 소설가이자 저널리스트이다. 헤밍웨이는 행동파 작가로 스페인 내전과 제1차 세계대전에도 적극적으로 참여하였고, 그 경험을 바탕으로 행동적인 주인공이 등장하는 소설을 썼다. 『누구를 위하여 종을 울리나』, 『무기여 잘 있어라』 등은 그러한 경험이 잘 녹아 있는 작품이다. 헤밍웨이의 실속 있고 절제된 표현방식은 20세기 소설에 강한 영향을 미쳤다. 그는 대다수의 작품을 1920년대 중반부터 1950년대 중반 사이에 발표하였고, 『노인과 바다』로 1954년에 노벨 문학상을 수상하였다.

8유형이 선호하는 직업

　　감정평가사, 건축공학 기술자, 경영계열 교수, 경호원, 교도관, 국제무역가, 금융자산운용가, 기업 고위임원, 변호사, 사회단체활동가, 성직자, 스포츠에이전트, 운동선수, 자영업, 잡지기자, 조경기술자, 철도기관사, 통역가, 판사, 검사, 항공교통관제사, 항공기조종사, 항해사, 행사기획자, 호텔지배인[7]

---

7) 한국형에니어그램 성격유형검사(KEPTI)

9유형 아이의 학습태도

공부할 때의 특징

9유형의 아이는 학교에서 눈에 잘 띄지 않게 조용히 지내는 경우가 많이 있다. 그래서 이들은 보통 선생님들에게 온순하고 특별히 문제를 일으키지 않는 착한 학생으로 인식되어 있다. 또한 선생님이 지시하는 사항에 대해서는 잘 따르는 편이고, 특별히 "싫어요!"하고 거부하는 경우는 거의 없다. 수업 분위기도 경직되지 않고, 친구들 하고 같이 편안하게 공부하는 환경을 좋아한다.

평화주의자인 9유형의 아이는 불편하게 문제가 발생하는 상황을 힘들어 한다. 그래서 이들은 엄마와 아빠가 자기 성적 때문에 다툴까봐 염려되어 공부를 열심히 하기도 한다. 학교에서 친한 친구와 치열하게 경쟁하는 것도 불편해 한다.

9유형

교내 경시대회에서 자신과 친구 둘 중에 한 사람만 상을 받게 되었을 때도 "저는 친구가 상을 받아도 괜찮아요. 저는 문제 없어요."라고 이야기한다. 9유형의 아이는 시험을 치르고 친구가 한 문제가 틀려 100점 만점을 못 받아서 속상해  하고 있으면, '한 문제만 틀린 것도 대단한 것 아닌가! 꼭 100점을 못 받아서 저러는 걸 보면 이해가 안 돼!'라는 생각을 한다.

9유형의 아이는 태만하고 게으른 특성이 있어서 공부할 때에도 그런 모습이 나타난다. 이럴 때에는 선생님이 학습내용을 수시로 확인하고 가벼운 압박을 해서 계획을 세우고 실천하는 학습습관이 형성되도록 도와주는 것이 효과적인 방법이 될 수 있다. 이들을 변화시키려면 9유형 아이의 특성상 선생님이나 부모는 다른 유형의 아이들을 대할 때보다 더 많은 인내심과 시간을 가지고 아이의 변화를 기다려야 할지도 모른다. 성격이 급한 엄마는 아마 화병이 날 수도 있으니, 마음을 준비를 하고 기다리는 것이 서로에게 좋을 것 같다.

그러나 일정한 시간이 지나서 스스로 하는 학습습관이 형성되면 누가 뭐라고 이야기하지 않아도 혼자서 꿋꿋이 자기 할 일을 해나가는 모습을 보인다. 그리고 외부 변화에 크게 영향을 받지 않고 든든하게 자기 갈 길을 갈 것이다.

과제할 때 나타나는 특징적인 모습과 해결방안

　어느 날 9유형의 연준이와 학습코칭을 하면서 이런 대화를 나눈 적이 있었다. 연준이는 "항상 열심히 하고 싶은데 잘 안 될 때가 많아요."하고 이야기를 해서 내가 물어 보았다.

　"그래, 어떨 때 그렇게 잘 안 되는지 예를 들어서 이야기 해줄 수 있어?"

　"넵, 어제도 엄마가 방청소 좀 해놓으라고 하셨는데요. 학교 다녀와서 친구들하고 게임하면서 계속 미루고 있다가 엄마가 들어오실 시간이 다가오니까 다급하게 했었거든요."

　"그러면 학교에서 선생님이 내주는 과제를 어떻게 해오는 거야?"하고 다시 물어보았다. "음~ 학교 숙제는요."라고 말하고 혼자 웃더니, "학교 숙제도 마찬가지에요. 선생님이 숙제를 내주면 계속 미루고 있다가 제출해야 하는 날

짜가 다가오면 다급하게 서둘러서 해요. 그래도 학교 숙제는 어차피 해야 할 일이니까 안 하는 날은 없이 거의 해서 가는 것 같아요."하고 대답하는 것이었다.

9유형의 아이는 선생님이 과제를 내줄 때 선택형 과제보다는 하나를 명확하게 지정해서 내주는 과제를 선호한다. 그리고 이들은 주어진 과제를 미리미리 하는 성향이 아니다. 이들은 과제 제출 마감일까지 미룰 수 있는 만큼 미루다가 날짜가 다가오면 그때서야 다급하게 처리하는 모습을 보인다. 그러다 보니 어떤 날에는 과제를 다 마무리하지 못하는 경우도 생긴다. 우스갯소리로 '오늘 할 일은 내일로 미룬다!'라는 말이 이들의 생활습관을 정확히 표현해 주는 말이라고 생각한다. 내가 만난 9유형의 아이들은 대부분 이 표현에 웃으면서 동의하기도 했다. 이러한 느긋한 성향 때문에 공부를 준비하고 시작할 때까지 많은 시간이 걸린다.

9유형의 아이들은 이미 이야기한 바와 같이 엄마나 아빠의 지시나 부탁을 잘 거절하지 못한다. 그렇기 때문에 만약 아이가 과제를 하지 않고 있으면, 언제까지 해야 하는 과제인지 확인하고 조금이라도 미리 할 수 있도록 이끌어주는 것이 좋다. 때로는 약간 재촉을 하면서 반복적으로 아이를 지도하는 것도 하나의 방법이다.

그러나 주의해야 할 것이 있다. 9유형의 아이들이 착한 성격 때문에 엄마가 계속 잔소리를 하고 압박을 가하면 아이의 화가 마음속에 차곡차곡 쌓였다가 한 번에 터지는 경우가 있다. 그리고 대답만 건성으로 "예" 하고 행동은 안 할 수도 있으니 격려와 칭찬을 잘 해주면서 이끌면 좋다.

학습목표와 계획을 세우고 실천하기

　9유형 아이는 학습계획을 세우고 실천하는 데 익숙하지 않을 수도 있다. 그들이 추구하는 여유로움 때문에 시간별로 일정을 세워 실천하기가 쉬운 일은 아닐 것이다. 우선 그날 배운 내용은 바로 복습하는 습관을 들이는 것처럼 작은 것부터 계획을 세우고 실천할 수 있도록 지도하는 것이 좋다.

　9유형의 아이가 계획을 세울 때에는 "내일까지 할게요."라는 막연한 표현보다는 '내일 몇 시부터 몇 시까지', '어느 과목'의 '어느 단원'을 할 것인지를 좀 더 구체적이고 명확하게 계획을 세우도록 지도할 필요가 있다. 그리고 아이가 계획을 세울 때마다 처음에는 실천할 수 있는 분량으로 시작해서 시간이 지날수록 강도를 조금씩 높여서 실천할 수 있도록 지도하는 것이 필요하다. 마지막으로 세운 계획대로 끝까지 마무리하는 연습을 하는 것이 좋다.

　어느 날 수지가 와서 "선생님, 이번 시험 대비할 때는 수학 공부를 좀 해야 할 것 같아요."라고 이야기는 하는 게 아닌가. 나는 반가운 마음에 "그래~! 좋은 생각인데~! 그럼 수학 공부계획을 한번 세워볼까?" 하고 말했다.

　바로 수지는 다음과 같이 계획을 이야기한다. "음~ 이번 주는 2시간 정도 하는 것이 좋을 것 같아요." 나는 아이의 성향을 생각해서 "그래. 하루에 2시간씩 하는 것도 나쁘지 않지만 좀 더 시간을 투자하는 건 어때?"하고 대답했더니 수지는 "무슨 말씀이에요. 하루가 아니고 이번 주 일주일 동안 2시간이요."라고 이야기하는 것이다. 나는 흥미롭기도 하고 놀랍기도 해서 "수지야, 인간적으로 일주일에 2시간이면 좀 부족하지 않을까?"라고 하였더니, "그건 맞아요. 그런데 공부를 안 하다가 하는 건데 너무 무리하게 계획을 세워 실천하지 못하는 것보다 이게 더 나은 게 아닌가요."하고 대답하는 것이다. 우리는 내내 웃으면서 즐겁게 대화를 해서 목표시간을 월, 수, 금 3일 2시간씩으로 늘리는 것으로 수지의 마음을 이끌어냈다.

학습동기부여

9유형의 아이에게 앞으로 "어떤 일을 하고 싶어?"라든가 "어떤 꿈을 가지고 있어?"라고 질문하면, "저는 특별히 목적이 없어요. 저도 잘 모르겠어요."라고 이야기하는 경우가 종종 있다. 그리고 이들은 새로운 것이나 어려운 것을 목표로 삼고 도전하는 것을 피하는 경향이 있다.

9유형의 아이는 느긋하고 여유로운 것을 즐긴다. 그래서 시험공부할 때에 혹시 성적이 떨어질까 불안해 하면 부모가 "네가 최선을 다했으면 그걸로 충분하단다. 편하게 마음을 먹고 공부하렴. 그리고 혹시 성적이 잘 안 나와도 다음에 더 열심히 해서 올리면 되는 거야!"라고 아이의 마음을 편안하게 해주면 그것만으로도 동기부여되어 열심히 할 수 있다. 또한 이들은 공부할 때 혼자 학원이나 도서관을 다니는 것보다 친한 친구와 함께하는 것을 편하게 생각한다.

9유형 아이는 나태함으로 인하여 공부할 때에 학습계획을 세우고서도 실천을 내일 또 내일로 미룰 수 있다. 계속 언급했듯이 아이는 부모와의 관계에 문제가 생기는 것을 원치 않기 때문에 가급적 부모의 말을 거역하지 않는다. 그래서 만약 아이가 계획을 미루고 있으면 부모는 빨리 실천할 수 있도록 아이에게 약간의 재촉을 하는 것도 나쁘지 않다. 그러지 않으면 아이는 계속 미루다가 시험이 코앞에 닥쳐오면 그때서야 허겁지겁 시작할 수 있다.

9유형의 아이에게 습관이 형성시키고 동기부여를 위해서는 다음과 같이 하면 좋다. 이들이 반복적으로 실행할 수 있도록 도와주어 아이가 직접 체험하고 성공하는 경험이 늘어나면 공부하는 습관도 만들어지고 동기부여도 더 수월하게 받을 수 있게 된다.

9유형

9유형의 대표적 인물

에이브러햄 링컨
(Abraham Lincoln, 1809~1865)

미국의 16대 대통령이다. 그는 가난한 가정 출신이어서 학교에서 배우기보다는 스스로 혼자 공부를 했다. 이후 변호사가 되었으며, 일리노이 주 의원에 선출되기도 했다. 그는 가족과 함께 많은 시간을 보내지는 못했지만, 자상한 남편이자 아버지였다고 전해진다. 대통령에 당선된 이후 남북전쟁에서 북부 주를 이끌어 연방분리를 주장했던 남부연방에 승리를 거뒀다. 그리고 1863년 노예해방선언을 발표했고, 미국 헌법 수정 제132조의 통과를 주장하여 노예제 폐지를 이끌었다. 링컨은 미국 역사상 처음으로 임기 중에 암살되었다. 전문가들은 그를 미국의 모든 대통령 중에서 가장 위대한 대통령으로 꼽는다. 미국의 5달러 지폐에는 그의 초상화가 그려져 있다.

엘리자베스 2세 영국 여왕
(Elizabeth II, 1926~)

1952년 2월에 서거한 부왕 조지 6세의 뒤를 이어 왕위에 올랐다. 영국 외에도 캐나다, 오스트레일리아, 뉴질랜드 등 16개 국의 왕으로 군림하고 있다. 이론적으로는 막강한 권세를 가진 셈이지만 정치적 문제에는 개입하지 않는다. 즉위 60주년을 맞아 실시된 영국의 가장 위대한 국왕이 누구인지 묻는 설문조사에서 빅토리아 여왕, 엘리자베스 1세를 제치고 1위에 오르기도 했다. 엘리자베스 2세 여왕은 현재 빅토리아 여왕의 통치기간을 넘어서는 영국의 최장수 통치자이다.

9유형이 선호하는 직업

가정의학과 의사, 놀이치료사, 동물조련사, 법무사 및 집행관, 변호사, 부부상담전문가, 교수, 사회복지사, 성직자, 심리학연구자, 외교관, 응급구조사, 인적자원 전문가, 자영업자, 중등학교 교사, 전문비서, 제과 제빵사, 청소년지도사, 판사, 검사, 한의사, 호텔지배인, 환경공학기술자[8]

9
유형

---

8) 한국형에니어그램 성격유형검사(KEPTI)

1유형 아이의 학습태도

공부할 때의 특징

1유형의 예진이는 수업시간에 항상 바른 자세를 취하고, 선생님과 이야기할 때는 종종 아이답지 않게 예의바르고 정중한 표현을 쓰기도 한다. 어느 날 수업을 마치고 귀가한 후에 예진이에게 카톡이 왔다.

"선생님, 오늘 수업시간 졸아서 죄송해요. 다음 시간에는 미리 컨디션을 조절해서 수업시간에 졸지 않도록 하겠습니다.", "오늘 수업시간에 이해를 잘못해서 문제를 빨리 못 풀었는데도 재촉하지 않고 기다려 주셔서 감사드려요. 다음에는 더욱 더 열심히 공부하겠습니다."라는 내용의 카톡을 받은 적이 있다.

대부분의 학생들은 그냥 넘어 갈 일에도 이 학생은 교실에서 당연히 학생으로서의 태도를 보여야 한다는 생각을 가지고 있기 때문에 스스로 선생님에 대한 예의가 아니라고 생각을 하고 죄송하다고 표현하는 것이다. 이런 모습은 주변 어른들에게도 훈훈한 인상을 주는 장점이기도 하다.

1유형의 아이는 완벽한 것
을 추구하는 성향이 강하기 때
문에 학습에 대한 열정 또한 매
우 강하게 나타난다. 이들은 수
업시간에도 바른 태도를 하고
집중해서 열심히 듣고, 수업내

용에 대한 예습과 복습도 철저히 하려고 노력하는 모습을 보인다.

그러나 때로는 그날 배운 내용을 복습할 때 특정과목에서 본인의 실력
이 부족해서 선생님이 수업시간에 가르쳐 준 내용이 이해가 잘 안 되거나,
수업시간에 풀었던 수학 문제를 집에 와서 다시 풀면 풀리지 않을 때에는
다른 아이들보다 스트레스를 많이 받기도 한다.

이들은 기본적인 학습역량이 일정 수준에 오르면 스스로 알아서 공부하
는 모범적인 아이가 될 수 있다. 만약 기초가 부족한 아이라면 부모가 그 부
족한 부분을 보완할 수 있도록 아이와 이야기를 나눠서 보충수업이나 학원
등을 통하여 이용해서 도움을 받도록 하는 것도 하나의 방법이 될 수 있다.

 과제할 때 나타나는 특징적인 모습과 해결방안

1유형

1유형의 아이는 이미 이야기하였듯이 완벽한 것을 추구하는 성향이 강

하다. 그래서 학교에서 선생님이 과제를 내주면 항상 완벽하게 준비해서 제출하려고 한다. 그러나 때로는 열심히 과제를 정리하였음에도 불구하고 스스로 돌이켜 볼 때 만족스럽지 못하다는 생각이 들기 때문에 항상 무언가 부족하다고 느낄 수 있다. 그래서 이미 마무리를 한 과제도 완벽하게 마음에 들 때까지 다시 확인하고 계속 검토를 하다 보면 과제제출 마감시간이 부족하다고 생각하게 되어 시간에 쫓길 수도 있다.

선생님이 학생들에게 과제를 내줄 때 여러 가지 이유로 아이가 할 수 있는 능력범위를 넘어서는 양의 과제를 내주거나, 모두에게 통일된 과제이지만 이 학생에게는 조금 과하게 느껴지는 과제를 내줄 수도 있다.  이럴 때 1유형의 아이는 매우 스트레스를 받는다.

이들은 과제를 완벽하게 해야 한다는 생각이 강한데, 아무리 열심히 하여도 주어진 시간 안에 하는 것이 불가능하다고 느끼거나, 자기의 능력을 넘어서는 과제라고 생각하면 엄청난 스트레스을 받기도 한다. 그래서 다른 핑계거리를 찾아서 과제하는 것을 미리 포기하거나 중간에 포기하는 일이 종종 발생하기도 한다. 그리고 이들은 과제가 애매하고 두루뭉술한 것보다는 명확하고 분명하게 되어 있는 것을 선호한다.

이렇게 아이가 힘들어 할 때 부모는 아이에게 "과제를 완벽하게 하는 것도 좋지만 실수할까봐 너무 걱정하지 않아도 된단다." 그리고 "주어진 시간 안에 최선을 다해서 하면 그것으로 충분하단다." "선생님도 네가 최선을 다하였다는 것을 아시고 매우 만족해 하실거야."라고 격려해 주면서 과제 때문에 밀려오는 압박을 줄여주는 것이 좋다.

학습목표와 계획을 세우고 실천하기

1유형의 아이는 공부를 할 때 항상 목표를 세우고 계획적으로 준비하고 실천하는 것을 선호한다. 부모가 지나치게 간섭하지 않아도 스스로 계획을 세우고 준비하는 모습을 보인다. 학습계획은 아침에 일어날 때부터 저녁에 잠들기 전까지 완벽하게 계획을 세운다. 그런데 이들의 계획을 잘 검토해 보면 지나칠 정도로 빈틈없이 꽉 채워져 있는 모습을 종종 볼 수 있다.

그런데 하루를 보내다 보면 여러 가지 예상치 않은 일들이 생길 수도 있고, 또 계획한 대로 일정이 진행되지 않을 수도 있다. 또한 이들은 초반에 너무 열정적으로 실행하다가 에너지가 빨리 소진되어 지치는 경우도 있다. 1유형의 아이는 계획을 너무 벅차게 세워서 실행하다가 예정대로 목표를 실행할 수 없다는 생각이 들면 완벽을 추구하는 이들의 특성 때문에 엄청난 스트레스를 받으면서 중간에 포기해 버리는 경우가 생기기도 한다.

1 유형

그래서 이들이 계획을 세울 때에는 중간에 조금 쉬어갈 수 있는 시간을 계획표에 공식적으로 넣게 하는 것도 좋다. 그리고 전체적으로 너무 빈틈 없는 계획표보다는 약간의 여유를 가질 수 있는 계획을 세우도록 지도하는 것이 좋다.

고등학교 1학년 생활을 보내고 있는 주은이를 만난 적이 있다. 주은이는 그동안 학원에 다니지 않고 학교 공부만 하고 있다가 최근에 부족한 수학을 보충하기 위해서 수학학원을 다니기 시작하였다. 주은이는 공부시간을 효율적으로 사용해서 최고의 결과를 얻기를 원하고 있었다.

"저는 단지 물리적으로 많은 시간을 공부하는 것뿐만 아니라, 그 시간을 가장 효과적으로 사용하고 싶은데 생각보다 집중도 잘 안 되고 힘이 들어요."라고 하소연을 했다. 그래서 "그럼 주은이는 요즘 어떻게 시간계획을 세우고 공부하고 있어?"라고 질문하였더니 다음과 같은 답변이 돌아왔다. "학교에서 집으로 돌아와서는 밥 먹는 시간만 빼고 다 집중하려고 해요. 그리고 오랜만에 월요일하고 수요일에는 학원을 다니니까 몸도 힘이 들기도 해요."

1유형의 아이답게 일정을 빈틈없이 세워 놓고 힘들어 하는 모습을 보였다. 우리는 서로 이야기를 나눈고 난 후 계획표에 휴식을 취하는 시간을 넣어보기로 했다. 우선 집에 와서 저녁을 먹고 휴식시간을 '20분' 정도 갖기로 약속했다. 다음 주에 다시 만난 주은이는 "선생님, 한주일 동안 진행을 했는데, 오늘 하루만 잘못했고 나머지 요일은 다 계획대로 했고 효과도 더 좋은 것 같았어요."하고 만족스러워하는 답변을 들었다.

물론 위에 언급한 경우와는 다르게 계획적이지 않게 보이는 아이도 있다. 그러나 1유형의 성향이 이미 존재하기 때문에, 주변에서 학습계획을 세워서 공부할 수 있도록 권유도 해보고 서로 이야기를 나누어서 도움을 주면 변화가 있을 것이다. 주의할 점은 이 아이들에게는 지나치게 권위적인 태도로 명령하거나 지적해서는 안 된다는 것이다. 모든 아이들이 그렇지만, 특히 이들에게는 아이를 존중해주고 스스로 계획을 세우도록 지도하면 좋다.

 ## 학습동기부여

1유형의 아이는 자신이 이루고자 하는 목표를 성취하였을 때 더욱 자신감이 높아지고 새로운 동기가 발생한다. 그런데 완벽을 추구하는 이들의 성향 때문에 목표한 일에 실패하였을 때는 엄청난 좌절감을 느낄 수 있다. 이때 부모는 아이를 위로하려는 마음에 두루뭉술하게 이야기를 하면 1번 유형의 아이에게는 위로가 되지 않는다. 아이에게 누구나 실패할 수 있다는 것과 그걸 극복하고 일어나는 것이 성공이라는 것을 알려주고. 아이가 목표

1
유형

를 이루는 과정에서 최선을 다한 것을 구체적이고 논리적으로 칭찬과 격려를 해주면서 아이에게 동기를 부여해 주는 것이 필요하다.

　예를 들어 1유형의 아이가 중간고사에서 자신이 정한 목표 점수를 얻지 못하였다고 하자. 이때 이들을 격려하고 동기를 부여하기 위해서 "이번 시험은 망쳤지만 그래도 열심히 했으니까 괜찮아!"라고 막연한 칭찬을 하면 이들은 마음속으로 '그렇게 영혼이 없는 뻔한 말을 나에게 하다니….'라고 생각할 수도 있다. 이들을 위로하고 다시 동기를 부여하기 위해서는 "이번 시험을 잘 보기 위해서 시험기간 내내 잠자는 시간도 4시간으로 줄이면서 집중해서 열심히 했잖니. 그것만으로도 다른 친구들이 어려워하는 것을 너는 아주 잘 해낸 것이고 최선을 다한 거라고 엄마는 생각한단다. 이렇게 꾸준하게 열심히 하면 다음 시험에는 네가 원하는 결과를 얻을 수 있을 것이라고 엄마는 확신한단다."라고 구체적이고 논리적으로 칭찬과 위로를 해주어야 수긍을 한다.

1유형의 대표적 인물

마하트마 간디

(Mohandas Karamchand Gandhi, 1869-1948)

모한다스 카람찬드 간디는 인도의 정신적·정치적 지도자이다. 우리에게 많이 알려진 '마하트마'는 위대한 영혼이라는 의미로, 인도의 시인 타고르가 지어준 이름이다. 영국 유학을 다녀왔으며, 영국으로부터 인도의 독립운동을 이끌었다. 영국의 제국주의에 맞서 독립운동과 무저항 비폭력운동을 전개했다. 간디는 노벨 평화상 후보에 4번이나 올랐으니 끝내 수상은 하지 못했다.

1
유형

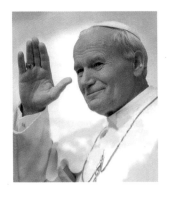

교황 요한 바오로 2세
(Papa Giovanni Paolo II, 1978-2005)

로마 카톨릭의 성인이며, 제264대 교황(재위 : 1978~2005)으로 역사상 세 번째로 오래 재임하였다(약 27년). 재임기간 동유럽의 방공주의 운동을 지원하였고, 세계 평화와 반전을 호소하였으며, 생명윤리 등의 분야에서는 기독교의 전통적인 도덕관을 제시하는 등 종교의 범위를 넘어 세계에 큰 영향을 끼쳤다. 종교 간의 문제에는 시종일관 온건한 태도로 일관하여 많은 사람들로부터 존경을 받았다.

1유형이 선호하는 직업

경찰관, 공인회계사, 기업관리직, 기자, 노무사, 도시계획가, 물류관리사, 번역가, 법무사, 변리사, 변호사, 사회과학연구원, 사회단체활동가, 성직자, 소방관, 은행원, 의사, 이공계열 교수, 인문계 중등교사, 지휘자, 직업군인, 판사, 회계사무원[9]

---

9) 한국형에니어그램 성격유형검사(KEPTI)

　처음에도 이야기하였듯이 나는 모든 아이들이 저마다의 재능과 가능성을 가지고 있다고 확신한다. 단지 이 투박한 원석들이 소중한 보석으로 변할 수 있도록 주변의 어른들이 도움을 주어야 한다고 생각한다. 다시 한 번 강조하지만 도움을 줄 때 모든 아이들을 획일적인 방법으로 대하기에는 너무도 다양한 특성과 섬세한 면들이 있다는 것을 알았으면 좋겠다.

　우리가 위대하다고 이야기하는 사람들 중에는 어린 시절 커다란 영향을 주었던 선생님이나 주변 사람이 있는 경우를 종종 본다. 그런 선한 영향을 끼친 사람들은 대부분 아이들에게 무한한 신뢰를 보내고, 그들의 이야기를 마음 깊은 곳에서 공감하며 들어주는 이들이었다. 그렇다. 우리의 자녀들의 건강하고 잠재되어 있는 역량을 마음껏 펼칠 수 있도록 도와주는 것은 그렇게 어려운 일이 아니다. 그저 아이들을 믿어주고 공감하며 그들의 이야기를 진심으로 경청해주는 것만으로도 아이들은 스스로 건강하게 잠재력을 펼칠 수 있는 자기실현 경향성을 가지고 있다.

　여러 번 언급하였듯이 에니어그램은 성격을 하나의 유형으로 단정짓기

위한 것이 아니다. 우리의 자녀들을 하나의 유형으로 단정하고 편견을 가지고 좁은 시야로 아이들을 분석하고 양육하기 위한 것이 아님을 강조한다. 우리는 에니어그램을 통하여 아이의 내면을 좀 더 이해하고, 건강한 아이로 성장할 수 있도록 도와주는 계기를 만들고자 한다. 에니어그램을 통하여 자기존중감 및 자기효능감이 충족되고, 목표를 위한 동기부여 등이 일어나면 자녀들의 삶은 더욱 풍요로워지고, 학습에도 커다란 도움이 될 것이다.

마지막으로 이 책에 나오는 사례들은 그동안 상담과 코칭 그리고 경험을 토대로 상황에 맞게 재구성하였고, 나오는 이름은 실존하는 아이들이 아니고 허구의 인물임을 밝힌다.